THE
PARTNERSHIP

合伙

强强联合的不二选择

李立　林俊　著

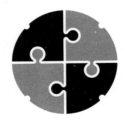

中国财富出版社

图书在版编目（CIP）数据

合伙：强强联合的不二选择／李立，林俊著．—北京：中国财富出版社，2018.3

ISBN 978－7－5047－6623－6

Ⅰ．①合… Ⅱ．①李… ②林… Ⅲ．①企业管理—组织管理—管理模式—研究 Ⅳ．①F272.9

中国版本图书馆 CIP 数据核字（2018）第 059102 号

策划编辑	谢晓绚	责任编辑	张冬梅 俞 然		
责任印制	石 雷	责任校对	孙会香 张营营	责任发行	董 倩

出版发行	中国财富出版社		
社　　址	北京市丰台区南四环西路 188 号 5 区20 楼	邮政编码	100070
电　　话	010－52227588 转 2048/2028（发行部）	010－52227588 转 321（总编室）	
	010－68589540（读者服务部）	010－52227588 转 305（质检部）	
网　　址	http://www.cfpress.com.cn		
经　　销	新华书店		
印　　刷	北京京都六环印刷厂		
书　　号	ISBN 978－7－5047－6623－6/F・2871		
开　　本	710mm×1000mm　1/16	版　　次	2018 年 4 月第 1 版
印　　张	12.25	印　　次	2018 年 4 月第 1 次印刷
字　　数	194 千字	定　　价	38.00 元

这不仅仅是一本书，

它是揭露阿里巴巴成功背后的秘录，

它是解读万科强大基因的方法手册，

它更是一部教会企业老板运用合伙模式创造新商业帝国的宝典。

作为企业老板，掌握市场趋势至关重要，

1980 年，如果你错过了下海经商；

1990 年，如果你错过了炒股热潮；

2000 年，如果你错过了互联网；

2010 年，如果你错过了房地产，

那么，

在 2020 年到来之前，千万不要再错过"合伙"。

因为，

雇佣时代已经结束，合伙时代已经来临。

未来企业，不懂合伙，必定散伙！

中国式合伙

曾几何时，同心同德；
可想后来，同床异梦；
进而变成，同室操戈；
最终难免，同归于尽。

源于开始，初心纷繁；
错在中途，方法混乱；
败至最后，机制缺失；
不懂合伙，必定散伙。

何为合伙，伙伴伙计；
不熟不合，分层发展；
识缘惜分，好聚好散；
一手合伙，一手决断。

序　言

一、传统公司制给企业领导者带来的十大痛苦

- 无比厚重的"部门墙"
- "治标不治本"的管控体系
- "视爹为上"的官僚主义
- 权责割裂的业务设计
- 管理者以自我为中心
- 集权而低效的组织设计
- 打工心态影响效率
- 只能共享，不能共担
- 单纯靠工资留不住员工
- 企业缺少人才机制

二、中国企业领导者正在发生的八大转变

- 从所有权角度看，过去企业是我的，合伙后就是我们的，这个观念正在转变。
- 从组织文化角度看，过去是领导者文化，现在应打造真正共享的组织文化。
- 从价值评价角度看，过去是由领导者评价个人，现在致力于建立客观公正的评价体系。
- 从敬畏感的角度看，过去员工对领导者敬畏，现在员工是敬畏组织规则、敬畏法则体系。

- 从智慧源泉的角度看，过去的决策是靠领导者个人，现在是运用群体智慧。
- 从监管机制角度看，过去企业家关注的是人，现在关注的是人背后的机制制度建设。
- 从责任体系角度看，过去是对领导者负责，现在是对组织负责。
- 从价值追求角度看，过去追求的是做生意，现在是做事业。

种种迹象表明：中国大部分的企业领导者正在由个人观念向组织合伙制观念转变。

三、总结

从互联网巨头阿里巴巴，到地产界的翘楚万科；从轻巧灵动的创业企业，到声名显赫的传统企业，"合伙"成为管理界的新名词。事实上，"合伙"是一个极其古老的概念，三国时期"刘关张桃园结义"无疑是一个典范，他们为共同的目标聚集在一起，各有分工，朝着同一目标努力，这就是合伙。

在移动互联网时代，创业者可以充分利用合伙形式来筹集资金，与创业合伙人并肩作战、共担风雨、共享事业成果。在管理实践中，合伙制也正在逐渐取代传统雇佣制。

因此，作为企业领导者，一定要深刻认识到一个现实：未来大部分都是合伙人，没有员工，更没有"打工仔"。这就要求领导者不能把自己当成领导者，不能再高高在上、呼来喝去，而要以平等的姿态与员工相处，表达出对员工的尊重，充分激发员工的工作积极性，这样的企业才会充满生机与活力。

时代在变，企业的组织模式同样也需要变革。雇佣制已不再适应移动互联网时代，以及未来时代的要求，要打破传统的雇佣关系、更大限度地发挥人力资源优势、强强联合……

毕竟，合伙的时代已经到来！

李立　林俊

2017 年 10 月 1 日于上海

前　言

让一部分企业老板先"合伙"

越来越多的中国企业家开始接触到了合伙，感受到了合伙的热度。越来越多的人知道了合伙可以用来运作很多事情，包括投资融资、战略合作、员工激励、项目管理等。其中很多人也在根据自己的理解努力运用着合伙。

确实，合伙越来越多地出现在中国的商业环境中，合伙内蕴藏的丰富而深远的价值将会不断地被重新认识。

然而，遗憾的是，有许许多多的"合伙"，最终并没有结出好的果子来。项目失败了、伙伴反目了，不仅人留不住，连本来挺好的关系最终也搞得一团乱，很多人被合伙搞得一头雾水，更有一些人被合伙搞得心灰意懒。

合伙，首要的是"合"，就是要凝聚人的力量，如果根本合不起来，那就失去了合伙的意义。

分析这些失败的"合伙"案例，99%以上的失败都是因为不懂合伙、不会合伙。

不懂合伙，一是不知道什么是真正的合伙，二是不知道如何运作合伙。常见的情况大致有以下几种：

（1）随意乱入伙。根本不了解什么是合伙，只是听说有投资机会，就跟随别人往合伙企业里投钱。这种情况最容易导致项目无收益、投资泡汤的结局。

（2）照搬公司法。把公司法完完全全地搬进一家合伙企业里，不结合实际，把合伙人当股东看，把合伙企业当公司运作。这种情况最容易导致决策权混乱、内部治理崩溃的局面。

（3）借用名义。只是把传统上的一些关系改一个称呼，都叫作合伙人。比如把经销商称为合伙人，把员工称为合伙人等。这通常不会出什么大问题，但是却反映了很多企业家内心对合伙的错误认识。

（4）粗放操作。沿用以前运作公司的习惯，不重视重要协议和制度的制定，合伙协议直接拿工商局的范本填写完成。等到合伙人之间因为一些事情有不同意见时，才发现事先没有明确有关事项，于是，公说公有理，婆说婆有理，不同的意见非常容易引发不可挽回的冲突，甚至造成企业经营停摆。

（5）自以为是。按照自己以往的经验，按照自己的臆断去运作合伙，恨不得把所有的合作对象全都叫作合伙人，可是真正要开始运作合伙企业时自己又糊涂。

（6）道听途说。没有系统学习，基础概念都没有准确掌握，仅凭外面听的一些培训课程，看的一些书，就开始按照书本上的只言片语运作合伙企业，结果因为没有基础，根本无法判断培训和书籍内容的专业性和准确度，往往是照猫画虎，不伦不类。

（7）复制粘贴。误以为合伙制度是一种比较固定的模式，于是到朋友那里、到关系企业那里要来别人的合伙制度，不研究，也不学习，更不按照自己企业的实际情况进行分析调整，直接照搬照抄，结果，有的是脚穿不进鞋子，白白浪费了做鞋子的功夫，有的是牛头不对马嘴，还有的更像是拉肚子却去抓了泻药，雪上加霜。

中国的绝大多数企业家都是非常好学和勤奋的，尤其是愿意实际尝试运作合伙的企业家更是这样。但是，为什么正确的合伙常识仍然没有普及到位，错误和混乱的解释满天飞呢？这也是我们在企业管理咨询服务工作中时常遇到的困惑。

以往，我们在咨询交谈中通过一对一的方式可以将一些正确的合伙常识普及给我们的客户，但是，那样只能解决个案，对于那些我们没有机会与之直接交流的企业家来说，仍然没有良好的渠道学习正确的合伙常识。

我们查阅研究了许多市面上提到合伙的书和培训，发现很多根本性的错误之所以流行，正是因为没有一本基本概念正确又通俗易懂的合伙指南。本书就是要填补这方面的空白，将我们20多年积累的专业经验以及培训内容分享给企业家们，让中国的企业家在合伙的理解和运用方面能够更加准确、成熟。

本书从内容方面大致可分为两部分：第一部分是了解合伙；第二部分是运用合伙。两部分内容各分为三级细分内容。

第一部分　了解合伙，初级：初见合伙（第一章）；中级：理解合伙（第二章）；高级：合伙趋势（第六章）。

第二部分　运用合伙，初级：合伙起步（第三章）；中级：合伙进阶（第四章）；高级：合伙运用（第五章）。

上面这些内容，假如您急于运作一些紧急的合伙事务，那么可以暂时不去看高级内容。只要把初级和中级内容掌握，基本上就可以实际运作目前大部分常见的合伙。

本书的出版要感谢的人太多：

一方面，要感谢的就是"合伙"的合作者，本书就是李立、林俊两位作者"合伙的产物"。

另一方面，感谢中国财富出版社的负责人以及其他工作人员为本书的编辑和出版付出的辛劳与智慧。

任何时代，总是有那么一群人，他们的思想比大部分人超前一点点儿，他们的格局比大部分人宽广一点点儿，他们的行动比大部分人迅速一点点儿。正是因为这一点点儿的差距，他们在一定时期内就有了相当的先发优势，成为了引领趋势的弄潮儿。理解和掌握合伙的智慧，让您领先的绝对不止一点点儿。

我们不奢求所有人都能够理解和认同本书的内容与价值，但我们发愿要把准确的合伙概念以及基本运用方法普及给读者，要让中国的企业家们理解：合伙不仅是一项具有广度、深度、高度的商业组织工具，而且是一种适应当下和面向未来的企业经营管理思想。我们希望本书的出版能让一部分企业领导者真正理解合伙，让一部分企业领导者真正学会怎样去运作合伙，让一部分有识之士先于大部分人而合伙！

目　录

第一章

初见合伙：我们该怎样看清合伙的全貌

第一节　有没有发现：合伙就像一场现代婚姻，需要合为一体

合伙，从何说起呢？

合伙，这件事说起来可大可小。小到可以说是两个人合伙做一笔小买卖的商业技巧，大到可以说是整个现代商业思想的核心之一。但我们目前收集整理的各类定义，几乎都是以法律定义为基础的，这或许适合有法学基础的人学习，但对于绝大部分企业经营者而言实在是太不接地气。

在这里，我们把过去在咨询工作中创造出来的一个行之有效的内训方法分享出来，这就是合伙的比喻学习法。我们通过四个小节中的四个通俗易懂的比喻来介绍合伙的基本常识（见图 1-1）。通过合伙的比喻学习法，只要凭着以往的知识和经验进行思考，就能基本掌握合伙的基本常识，而且几乎是不会再遗忘的。

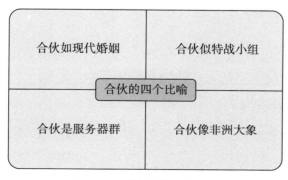

图 1-1　对合伙的四个比喻

一、为什么说"合伙就像一场现代婚姻"

现在，我们开始说第一个比喻，也是最重要的一个比喻：合伙就像是现代婚姻。

合伙怎么会像是现代婚姻呢？

我们认为：不仅像，而且超级像。

1. 婚姻是什么

《婚姻法》非常现实，规定双方婚后所得之财产原则上就成为了夫妻共同财产。

婚姻，是一个人和另一个人在家庭组建中有机地走到一起。

合伙，是一个人和另一个人在事业发展中有机地走到一起。

不能说"在一起"就算是合伙，这是不对的。"在一起"，有可能只是谈谈恋爱，甚至只是一面之缘而已。不以结婚为目的的谈恋爱都是浪漫爱情故事，不以合伙为目的的深度合作都是套路。

现代婚姻，离不开财产，彩礼、红包、陪嫁，包括最容易成为焦点的房产甚至公司股权。这些类型不断丰富、数额不断上升的财产把现代婚姻弄得好像真的只是一场交易。幸好事实并不是这样，我们大多数的人、主流的婚恋观以及我们的《婚姻法》仍然是把人与人的结合视作是现代婚姻的核心。

婚姻的核心是人与人的结合，不是财产与财产的结合。同样，合伙的核心也是人与人的结合，不是财产与财产的结合。婚姻与合伙的比较，如表1-1所示。

表1-1　　　　　　　　　　婚姻与合伙的比较

特征	婚姻	合伙
特征一	家庭组建在一起	事业组建在一起
特征二	人与人的结合	人与人的结合
特征三	目的是长久	目的是长久

2. 什么叫作人与人的结合

第一层意思：我们互相看中的最主要是对方这个人，是这个人的样貌、品性。他的财产、他的家庭背景、他的事业状态，或者是列为第二重要，或者是作为他的品性的佐证。

第二层意思：两个人结婚组成家庭是要彼此适应并相互融合，形成一种非常特殊的关系，表述起来甚至感觉有点儿神奇，叫作：虽然你还是你、我还是我，但是你中有我、我中有你，对外不分你我。

人与人的结合是很难得的一件事情。所谓前世千万次的回眸才换来了今生的擦肩而过。婚姻是如此难得，合伙是如此难得。当适合你结婚的对象出现时，最悲惨的莫过于你没有做好结婚的准备，没有成熟的婚恋心理，或者没有组建家庭的基本财务能力。当适合与你合伙的对象出现时，最悲惨的莫过于你没有做好合伙的准备，特别是你根本没有明白合伙究竟是什么意思。

3. 夫妻不是同林鸟，夫妻本是合伙人

有一句老话，叫作"夫妻本是同林鸟"。这话细想起来其实毫无道理。在一个林子里的鸟多了，夫妻关系的本质怎么可能只是局限在一个林子里呢？夫妻关系是有婚约的。什么叫婚约？就婚姻签署的一份协议，这叫婚约。说到这里，肯定有人会反问，我们的现代婚姻哪里还有这么个东西？有！当然有，只不过名字变了一下而已，改叫"婚姻法"了。《婚姻法》赐予了人们一份法定的婚约，而且这份法定协议的绝大部分内容是不允许自由商定的。根据这份婚约，夫妻共同管理家庭、共有财产、责任连带、互相忠诚、互相扶持等内容确定了夫妻之间的关系。

夫妻关系的本质不是同林鸟，所以，合伙的本质也不取决于你和我是否在一个股东会里。合伙关系，是基于合伙协议产生的。不管这个合伙协议是书面的还是口头的，必须是表达了"人与人结合"的明确约定。在一个股东会里，股东和股东之间的关系是基于共同出资的基础而产生的，最后在公司章程中得到反映，那不叫"人与人的结合"，那叫"出资与出资的结合"。合作分很多层次，有紧密的、有松散的，有出钱的，有出力的，不同的合作方

式所产生的关系完全不同。搞不清关系是做生意时最可怕的事情，关系一开始就混乱，最后就容易搞坏搞烂，关系搞坏了哪里还有生意可言。

因为婚姻的核心是人与人的结合，所以，在求偶的过程中最要紧的是两件事情：一是看人；二是被人看。经历过婚姻的人大多都知道，寻找配偶比较好的态度是找合适的人，而不是找最优秀的人。因为，婚姻最要紧的是相合，性格和性格相合、生活习惯和生活习惯相合、价值观相合、兴趣相合、成长经历相合，甚至家庭背景差距也不能太大。相合，可以是互补，也可以是相似而有共鸣。婚姻双方相合，生活中双方容易互相助益、互补长短、互相理解、共担苦乐。假如结了婚的双方本来就完全不相合，那日子过得可就难受了，借用一本书里的话来说，仿佛"彼此都是对方的地狱"。

二、合伙的特点正如夫妻关系一样精彩（见图1-2）

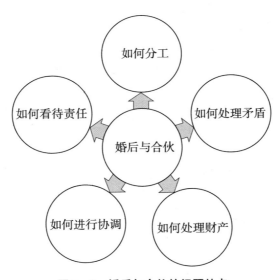

图1-2 婚后与合伙的问题特点

结婚后，夫妻具体是怎么分工合作的？通常，经过一段时间的磨合后，夫妻双方对于共同生活的管理会达成一种分工方面的默契，例如你主内、我主外，或者"你负责赚钱养家，我负责貌美如花"，或者"你负责国家大事，其他事我来管"。这些都是每对夫妻自己决定的。在这个决定的过程中，谁也没有法定的权利去强迫另一方一定要做什么、一定不能做什么。即使夫妻间有这样一种大致上的分工默契，也不代表互相对分工范围以外的事务没有管理权，如何具体管理还是可以随时调整或改变的。这也是合伙的特点之一，即有分工，但又不是完全互不相通。原则上来说，合伙人对合伙的所有事务都有管理权，虽有分工，但是在紧急或必要时仍可以运作分工以外的合伙事务。

结婚后，夫妻之间难免会有矛盾、争吵。这时候化解冲突最后的依靠通常是夫妻之间的情感，一种混合了爱情和亲情的复杂感情。合伙之后，合伙各方也肯定会有意见不一致的时候，肯定会有一方对另一方产生不满的时候，这时候也需要有一个最后的依靠，这个依靠就是双方共同签订的合伙协议以及共同的商业价值观。

结婚后，夫妻双方的赚钱能力通常是不同的，很多情况下双方会产生一定的差距。这时候，作为收入较多的一方是不是就可以因此轻视另一方，是不是就可以认为自己对家庭贡献更多一些，是不是因此就认为可以领导另一方了呢？当然不是，这是《婚姻法》和主流的道德观都否定的做法。《婚姻法》规定，除特别规定之外，夫妻任何一方的收入都视作夫妻共同财产。这是什么意思？意思就是婚后就没有个人收入这一说了，一旦结婚，你原来的个人工资在性质上就发生了变化，变成了共同财产，哪里还分得出谁比谁多？同样的，合伙也有类似的情形出现，合伙人之间直接的业绩往往是有差距的。因为分工不同，负责市场销售的合伙人比较容易看出业绩与工作的关系，而负责技术或其他管理工作的合伙人，他们的工作与公司业绩之间的关系很难计算清楚。这种时候，合伙关系的存在就解决了这方面的差距问题，因为合伙就意味着共同管理、共负盈亏，不能过分计较和细分。

结婚后，因为法律规定夫妻双方平等，所以在家里夫或妻任何一方都没有法定的"老板"或"领导"地位。"三纲五常"的年代早已成为过去。老婆不是丈夫的下属，丈夫也不是老婆的下属。一方自愿在某些事情上放低姿态让着对方或惯着对方，那不是因为法定的地位低，而是因为爱而不行使权利。合伙也是这样，合伙人之间没有谁是谁的老板，没有谁是谁的下属。有的合伙人低调谦让，不代表他不拥有共同管理的权利，而是因为拥有共同利益而不行使权利。这里所说的"利益"可以是团队稳定、可以是企业效率、可以是信任、可以是专业的事听专业的人的意见，等等。

结婚后，两个人的责任也连接起来了。法律上叫作无限连带责任。合伙中也有这个词。老婆在外面借了钱，即使丈夫对此不知情也要帮着一起偿还；丈夫交通违章发生事故给别人造成了损失，老婆不在车上也要帮着一起赔。到了法院，最后强制执行的对象包括的是夫妻俩的共同财产。

作为夫妻一方有时觉得很委屈，明明是另一方的过错，却还要无过错方来分担责任和痛苦，太不公平了。但是，这才叫婚姻，因为在婚姻中每个人都可能犯错，这就是婚姻的代价。合伙中，同样的，每个合伙人都可能犯错，并且后果会波及每个合伙人，这就是合伙的代价。假如没有这样的觉悟，还是不要合伙的好。

婚姻这个比喻，是掌握合伙要义的好工具。当你对于合伙关系中的一些问题搞不清楚的时候，可以试着从婚姻关系中找到比较准确的对应理解。

第二节　有没有发现：合伙就像一个特战小组，需要分工和沟通

一、为什么说"合伙就像一个特战小组"

我们常常说"商场如战场"。

假如一方的武器是火枪大炮，而另一方的武器是大刀长矛，谁会胜出？

假如一方采用卫星导航、空中精准打击，另一方采用人海战术，谁会胜出？

先进的战胜落后的，落后就要挨打，这是经验之谈，也是真理。

人类的作战方式，也有一个发展的轨迹。

起初，全体成员一起上阵，不严格区分指挥者和士兵，这算是一种原始状态的合伙式战斗。

然后，再发展，因为知识、装备的生产分配不均，出现了将领与士兵的明显分工，即发展出由将领带领一群士兵打仗的作战方式。

现在，这种作战方式也已经发生很大改变，并且越来越明显地显示出新作战方式的巨大威力，例如 CCT。

1. 什么是 CCT

CCT 是美国空军战斗控制组的简称，它是从第二次世界大战时创设的作战小组发展而来。它的特别之处在于极大地改变了现代战争的作战方式。CCT 小组的成员人数很少，三四人而已。CCT 能控制指挥整个战区的通信系统以及决策，能够通过指引直接指挥空中远程的精确打击，高效地消灭敌人。CCT 组员都具有特种部队成员的能力，并且更加具备相关任务所必需的技术能力，这是一个由精英组成的合伙团队。在这样的合伙团队面前，那些依然以传统的将领带着普通士兵的方式作战的对手们究竟能有多少胜算？

2. 你是否也犯了"单干"的错误

现如今，稍有追求的企业经营者都明白一个道理：单干是没有前途的，一定要学会合作。讲到这里，我们要特别讨论一下"单干"这件事。很多企业家会以为自己并不是在单干，因为自己公司里还有其他小股东，公司内部还有副总经理、部门经理，公司外面还有长期合作的商业伙伴，这怎么能算是"单干"呢？

我们在培训中提到过一个观点："单干"是一种孤独。

有些企业家时常会感到孤独无助、心力交瘁。为什么有这种孤独感？是因为没有其他小股东吗，是因为没有下属的副经理、部门经理吗，是因为没有外部的商业伙伴吗？都不是。真正的原因是没有一个人站在领导者的角度以领导者的思维在做事。所有的决策都需要领导者一个人来决定，所有的责任最终也需要领导者一个人来承担，只有领导者一个人是这个企业的主人，只有领导者一个人愿意为这个企业的方方面面尽心尽力。这就是孤独，这就是"单干"的状态。

就像是评书里说到的两军交战时的样子，两名将领互报身份后厮杀，一方斩杀另一方后，被杀的一方后面的部队就会立即溃散。那个被杀的将领就是在"单干"。那评书里有没有合伙作战的故事呢？还真有。《三国演义》第五回中有一节叫作"三英战吕布"，讲的就是刘备、关羽、张飞三人合伙战吕布，三人围着吕布打了好久，最后也没把吕布给拿下。试想，刘关张三人假如不合伙，估计任何一人"单干"都得死在吕布的方天画戟之下。顺便说一下，《三国演义》这本小说里，哪位出名的主公是死得比较早的？正是这位最不会和他人合作而习惯"单干"的吕布。

合伙是什么？我们在上一个比喻里说过，是人和人的紧密结合，这里我们强调合伙是一种去中心化的合作模式。什么叫去中心化？是说合伙之后，你无法将所有的权、责、利仅仅指向一个人，因为所有的决策是由全体合伙人来定的，责任也是全体合伙人一起来承担，每位合伙人都是领导者，但又都不是能够一个人完全掌控企业的领导者。于是，你不再孤独，因为有其他人和你一起以领导者的身份和领导者的思维在做事，因为有其他人和你一起分担企业的亏损与责任。当你暂时无法工作或正在犯错时，其他合伙人会主动接替你的职责，而不会像其他非合伙人那样四散躲开。

合伙就应当是一个特战小组，内部或有分工，但是基本平等，不存在地位和能力上的明显差距，既有配合而成的系统打法，也具备单独作战的能力。合伙人之间的联合体就应当是企业的大脑和中枢神经，负责指挥企业的具体运作。

因为合伙像是一个特战小组，所以才能真正吸引和留住你想留住的高级合作对象，而且这种模式给了合作对象最高的满足和尊重。什么是最高的满足？真正地在决策层面有平等权利、能平起平坐，成为领导者之一，所做的事情就是自己的事业。

二、如何让合伙像特战小组一样更加给力

1. 升级合伙模式的两大障碍

从单干型的经营管理模式升级到合伙模式，有一个心理上的障碍。单干模式下，做任何决策前可以听取别人的意见和建议，但是完全由自己来决定，并不受他人的制约；而在合伙模式下，任何决策从根源上来说都应由全体合伙人来决定，不能任由其中一个人垄断决策权。很多人要在心理上适应这个转变，这需要思考和勇气。

升级到合伙模式的第二个障碍是对效率及风险的质疑，企业家总觉得一人独揽大权干净利落，没有制约没有商议，想怎么办就怎么办，就算出了问题也心甘情愿。与人合伙，权利共享，重要的事情要共同决定，不能自己想怎么办就怎么办，所以合伙很可能是低效和充满风险的。事实上，合伙就像是一个特战小组。为什么要发展3~4位精英为一组的CCT小组，而不是派一个孤胆英雄带上几个普通士兵去完成任务，不担心效率和风险吗？细想一下，其实，是一个人还是和别人合伙，与效率和风险没有直接的因果关系。效率和风险控制得怎么样，是由内在的能力和机制来决定的。

在特战小组内部，没有一个人是打杂的，任何一个人都是自己分内事务的决策者和负责人，不是一言堂，也不是按指令行事的普通士兵，每个人都有主动发起的权利，每个人都有权参与讨论和决策，每个人都能在紧急时代替另一个人负责事务。这就是合伙的内部关系。

2. 合伙，就要学会像特战小组一样高质量地"沟通"

合伙内部最重要的事情是什么？我们认为是"沟通"。

在商业世界里，一个人的能力中最重要的是沟通能力。没有沟通能力，其他能力再强也等于零。CCT特战小组之所以能发挥重大的作用，其中一个重要原因在于美军超强的技术和网络管理能力，无论是前台还是后方的指挥中心，技术及组织的有效配置使得CCT成员之间以及CCT小组与各方面的沟通达到了惊人的高效率。据某些资料显示，CCT小组从发现攻击目标，分析、

决策、指挥、后台确认到调动远程部队打击，用时可以缩短至19分钟，这就是这套沟通系统的威力。假如没有这样一套强大的沟通系统，即使CCT成员中的每一位都是精英中的精英，但是等到他们讨论、分析、决策、上报，然后后方指挥中心再讨论决策，最后调动远程打击，用一句俗语说就是"黄花菜都凉了"。

合伙小组内部的沟通能力，同样取决于这套沟通系统的质量如何。现实中，很多小组在这方面的能力是较差的，极大地限制了合伙的效用。很多企业家习惯依赖传统的人情式交往来解决沟通问题。人情式沟通方式，在合伙人极少的情况下还可以勉强使用，合伙人数达到或超过3人后就几乎没有可行性了。由于沟通系统混乱而导致企业停摆的现象屡见不鲜，以致最后这些失败的合伙者全都不敢再参与合伙了。

笔者在合伙沟通系统的设计方面有非常成熟的做法，为不同的合伙小组量身定制不同的沟通系统。大致来说，这套沟通系统通常会包括合伙协议、议事规则、监督制度以及技术配套几个部分，目的是高效率地建立一套沟通决策机制，充分发挥集体领导的威力，减少低效沟通的情况。

不久的将来，假如一个人不组织或不加入一个"特战小组"就来进行商战，会不会就像是幻想还活在单枪匹马骑士年代的堂·吉诃德？你还在坚持做商业世界里的堂·吉诃德吗？

第三节　有没有发现：合伙就像一个服务器群，需要连接增强

一、为什么说"合伙就像一个服务器群"

现在越来越多的企业家感叹：脑子不够用了、时间不够用了。

大家都在挤时间给自己充电，参加各类培训、大量地阅读，努力学习各

种能促进企业进一步发展的知识和经验。但很多人发现：一是来不及学，因为需要学习的知识种类太多，新东西出来得太快；二是学了知识却不会操作，因为经验是需要时间和大量实践操作积累的。这个问题难道无解吗？这里我们聊聊关于合伙的第三个比喻。

假如我们把每个人看成是一台可以独立运行的服务器，那么合伙就意味着组建了一个服务器群。

服务器群和几台服务器放在一起有什么区别呢？

其关键区别在于：紧密而系统地连接成一体。

在上一个比喻中，我们告诉大家要摆脱单兵作战的传统。在这个比喻里，我们告诉大家要摆脱单机操作的习惯。

1. 合伙就像服务器群一样增强大脑的能力

简单地说，服务器就像安装了服务器系统的电脑。服务器群是电脑和电脑的连接，合伙是人脑和人脑的连接。

一个人聪明不聪明，脑容量是一个标准。科学家早就预测过，未来人的脑袋相比身体的其他部位会变得越来越大，这是因为人类对智力的依赖会越来越大。

一个企业有没有足够的商业智慧，企业的脑容量也是一个标准。企业的大脑在哪里？在决策层，在内部的最高权力机构那里。凡是发展得好的优秀企业，都在不断增加自己的脑容量，它的决策层实力会不断增强。凡是发展得越来越吃力的企业，都有"小头化"的趋势，即相对于企业其他方面的发展，决策层实力的增加非常缓慢和有限。要发展，就要不断地把企业的大脑做强做大。有个热门的电视栏目叫作《最强大脑》，在这里，我们要说的是：最强的企业一定有一个"最强大脑"。

提高企业大脑的容量及速度，最有效率的方式一定是合伙，毕竟一个人靠自我学习所带来的成长速度一定是远远小于那种和他人合伙连接在一起的方式的。

单个服务器，理论上可以依靠增加单机的配置来提高运算处理速度及容量，但是无论技术还是成本都是有上限的，所以没有一家互联网公司会用这种方式来布置自己的服务器。毫无例外，所有的互联网公司，只要涉及大规模的用户、数据需要提升服务器处理能力时，一定是选择服务器群的方式，这是一种不二选择。亚马逊公司的服务器数量超过200万台，微软也超过100万台。腾讯公司每上线一个新的网络游戏，就会增加数组服务器群。举一个最简单的例子，一个人干活，要让他提高十倍的速度，那是相当困难的，假如另找多个人一起来合理分摊这项工作，提高十倍速度的需求立即可以实现。这也就是过去常说的"三个臭皮匠，顶个诸葛亮"的含义。

2. 企业家大脑容器要靠合伙来构建

有一种懒惰看上去很勤劳，叫作"用战术上的勤奋来掩盖战略上的懒惰"。很多企业家在进入发展期后，会有一种知识储备方面的紧迫感，领悟到自己的企业如果想要再提升一个层次，就不能再依赖原有的管理方式，相应地，管理者的思路以及能力也需要提升一个层次。于是，很多人将大量的精力投入个人学习中，试图在企业经营管理的各个领域内迅速地掌握相关知识和经验，包括管理、营销、财务、税务、投资、金融、上市、互联网应用、企业文化建设、人力资源管理等。我们非常敬佩这种领导者的学习热情和对事业的执着追求，但是我们并不赞成这种学习的思路，因为这是一种单机提高配置的方式，这种增强企业大脑能力的思路并不是最优的。

常识和经验告诉我们，当我们认为一位企业家非常优秀的时候，肯定不是说这位企业家他要在管理、营销、财务、税务、投资、金融、上市、互联网应用、企业文化建设、人力资源管理等方面都拥有丰富的知识和经验。一位优秀的企业家，通常会在某个或少数几个领域有一技之长，同时可能在另外几个方面有着较为丰富的阅历，而在大部分的领域他也只是门外汉而已。一个企业家的优秀之处往往体现在他优秀的思维方式和人际交往能力上面。所以，企业家们要成长，首要的是突破自己的固有思维，拆掉习惯思维的墙，将新的东西融入自己的血液中去。

我们来思考一下企业家个人学习这件事情。首先，我们要肯定，个人学习永远是值得提倡和应当坚持的。但是，企业家的个人学习不应当成为迅速增强企业大脑的首选方法和主要方法。迅速增强企业大脑的首选方法，一定是和其他的大脑连接在一起。比如说，最常见的一种连接，就是一个在市场及营销方面有丰富经验的大脑与另一个在技术方面有丰富经验的大脑进行连接，也就是"市场＋技术型"的合伙方式。在这种连接中，企业的大脑迅速增加了技术方面的经验和知识，这些经验和知识很可能是通过十余年的实际操作才能获得的。想在短期内通过自我学习而得到类似程度的经验是完全不可能的。花很长时间去学习，不仅耽误自己长处的发挥，而且等到真的学会那天，也许学的东西早就过时了。许多参加了各类培训讲座的企业家，在专门学习了相关知识后，看上去花了时间，感觉自己有所得了、了解了，但是回到企业往往发现无法落地，最后还是要寻求外部的专业人士的帮助。

迅速增强企业大脑的战略，唯有通过合作的方式才能解决。而在各种合作方式中，最紧密和最充分的合作方式首选合伙。善于运用合伙的，可以成为另一个阿里巴巴；不懂运用合伙的，最后只能变成"小头爸爸"。

二、把服务器群当作合伙来用，需要注意哪些关键细节

接下来，我们继续就服务器群的比喻来谈谈合伙人之间的连接需要注意哪些方面的问题（见图1-3）：

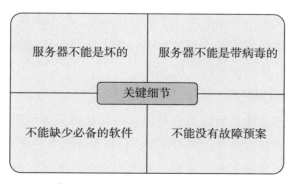

图1-3　合伙服务器群的关键细节

1. 服务器不能是坏的
选择合伙人一定要慎重仔细地考察，合伙人的能力、资源、背景一定要

是真实的,否则一旦合伙后发现其根本没有相关方面的能力和资源,那就像是连接到了一个坏的服务器上,什么也做不了,而且还白白地耗费其他合伙人的精力。这涉及一个前期背景调查的问题,说来话长,这里就不展开了。

2. 服务器不能是带病毒的

合伙人必须都在基本的商业道德、职业道德方面没有问题,并且在个人信用及债务方面都没有什么严重的问题。否则的话,一旦合伙连接起来,这个合伙人个人的问题就会像病毒一样感染每一台服务器,每个合伙人都会受到损害,这就是我们说的"一粒老鼠屎坏了一锅汤"。所以,选择合伙对象真的需要非常慎重,通常都是长期交往并有多次商业往来的对象才能考虑一起合伙,否则这方面的风险会很大。在道德方面,合伙人最要紧的是要有规则意识,一个不讲规则的人是不能合伙的,因为合伙就是靠规则来维系和支撑的。

3. 不能缺少必备的软件

服务器的有效连接,取决于服务器之间能够有效地进行通信以及数据交换,所以连接在一起的服务器都应当有着统一的底层通信协议以及统一的应用软件。合伙人的连接也是这样,每个合伙人都必须有契约精神,遵守合伙协议以及相关的规则,基本了解合伙的主要特点及内容。这其中,最主要的是要有契约精神,就是要重视并遵守自己签署的协议。合伙规则还包括平衡各方面的权利和义务、平衡集体智慧和决策速度、平衡决策速度和决策质量、平衡执行效率和监督成本等方面的内容,务必使得合伙能够发挥最大的集团式优势,减少合作中间的损耗以及风险。

4. 不能没有故障预案

服务器运行过程中,会因为各种因素出现故障甚至停机的现象,服务器群的连接也要考虑应对这个问题的方案,保证服务器群整体的运行不受影响。合伙人不是机器,出现过错、生病、私人有紧急事务等,也是可以预见的人之常情,合伙人有必要在合伙事务的分工运作中专门就此作出合理实际的操作预案,规定由相关合伙人在发生此类情况时代为执行这部分的合伙事务。

以上这四点,只是建立服务器群的基本要求。更有效地连接服务器群,需要更多的技巧，其中最关键的因素并不是各台服务器配置的高低，而是负责连接和操作整个服务器群的软件系统设计水平的高低。简单地说，系统能力越强，能连接的服务器类型就越多，速度就越快、运算能力就越强、故障率就越低，甚至潜在能耗也越低。合伙的具体机制就是合伙的系统，这套机制设计得越好，能够纳入的合伙人选择就越广泛，能够吸引的合伙人就越多，决策就越有效率和质量，执行力也会越强。

那么，这套合伙的系统机制在设计上究竟要从哪几方面着手呢？这里简单提供一个思路供大家参考（见图1-4）：

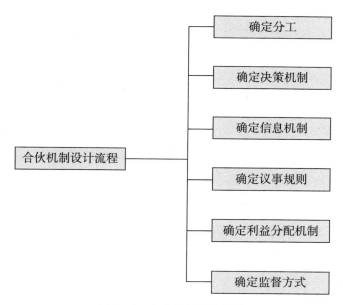

图1-4 合伙机制设计流程

（1）确定分工

分工一定要明明白白，互相之间的职能界限要划分清楚，涉及职能混合的事务要明确工作方式，要有各个职能区块的负责人。同时，分工也不是绝对的。每个合伙人在原则上都有义务去为其他合伙人补缺、协助、救火，必要的时候为了整体的利益可直接跨界操作，就像足球队的守门员在紧急时也可冲向前场参与进攻一样。

（2）确定决策机制

决策事务要分级，不要所有的事情都由全体合伙人来投票决定，这没有必要，也不可能做到。除了重大事项外，其他事项我们建议都不要以合伙人会议的方式进行决策，但要保证透明度及沟通的习惯。决策权、投票权、参与权、知情权，这些权利应当根据合伙人各自的职责分工、合伙事务具体项目的特点和性质以及整体合伙事务的商业模式运营要求来确定。

（3）确定信息机制

这基本上可以通过技术手段来解决，要确定较为固定的沟通方式和渠道，确定各类信息发布、回复、表决等方面的基本格式要求。除了动态信息的管理以外，还要特别注重文件资料的统一管理，应当指定专人负责重要文件及资料的保管及备份工作，并且应当确定查阅这些文件和资料的方法与流程。

（4）确定议事规则

"不以规矩，不成方圆。"凡是涉及内部讨论、决策、投票的，要设计固定的规则，要学会怎样开会。已经有很多企业在这方面交了昂贵的学费。我们服务过一家企业，核心创始人在没有建立任何规则的前提下迅速地招募合伙人达到了相当的数量，不到一年的时间里引入了近20名合伙人。结果到年底开会时，因为没有任何细化的议事规则，整个会议开了两天都没有开完，会议过程近乎失控，合伙人对企业的经营管理提出了大量的质疑和要求，随后甚至聘请了外部会计师事务所对企业进行突击审计，矛盾不断升级，任何重大决策都无法正常做出。

（5）确定利益分配机制

"亲兄弟明算账"，合伙之前一定要把这个问题谈透。因为这个内容很难在合伙运作的过程中轻易修改，所以这是一个在合伙前必须全部设定好的内容。这个机制非常重要和敏感，很可能是大部分合伙人最后决定入伙的核心因素之一。这方面并没有什么模板或固有的方式，前期需要花时间进行研究和设计，力求公平合理并且具备一定的激励效果。在核心合伙人这个最高层次上，我们倾向于平均分配，因为这个层面的合伙很难就每项具体工作评估出准确的绩效来，过于细化反而容易引起合伙人之间的激烈矛盾。

（6）确定监督方式

必要的监督是必需的，一来防止不必要的猜疑和内部矛盾，二来防止人性中恶的一面发生作用。建议以财务为主，以合伙人行为为辅的原则设计监督方式。监督原则上应当以公开的方式进行。监督机制的设计要强调合理性和适当性，不能对企业经营造成阻碍。事事汇报、有问必答，这些都是不合理的方式。在近年来的企业咨询服务中，我们通常建议以财务透明机制为核心进行监督机制的设计，尽量利用技术手段让所有合伙人随时可以查看实时的财务内容，以保证企业基本的监督功能。

合伙就像是一组服务器群，这种连接方式的神奇之处在于它不仅迅速地升级了企业的大脑，而且还可以让合适的人继续深入做合适的事，让专业的人继续做专业的事，每位合伙人都有更多的精力在自己原本已经深入的领域里继续深耕，于是，强者愈强，每位合伙人个人的成长也就更为迅速。

我们都听说过短板理论，是说企业要发展，最关键的是要补短板。但是，就一个人的发展来说，补短板并不是一个好策略，因为人的精力和时间是有限的，补短板的结果很可能让人有平庸化的倾向，所有出色的人物几乎都证明了这一点。既能补短板，又能同时加高长板的方式，就是人与人的紧密联合，让持有不同长板的人有效地联结在一起，那才是近乎完美的补短板方式，合伙就是其中最有效的方式。

互联网，是所有电脑终端的连接。物联网，是所有物品与互联网的连接。合伙，是一种人与人的有效而紧密的联结。

第四节　有没有发现：合伙就像一头非洲大象，需要联合借力

一、为什么说"合伙就像一头非洲大象"

合伙是一个庞然大物，它不仅仅是一种商业组织工具，而且是一种商业

理念和思想，股权制、公司制可以视作是合伙的一个分支。合伙的内容广度之大和可定制性之高，是其他组织形式不能相比的。

我们把合伙比喻成非洲大象，是想说三件事情：

第一，不要把合伙想得太简单；

第二，不要试图一口气吃成个胖子，学习合伙要循序渐进；

第三，不要闭着眼睛乱摸一气，更不要凭摸出的感觉去运作合伙。

1. 合伙不是一个小小的工具

合伙，当然可以作为一些商业实际需要的工具来使用。但如果只是把合伙视作一种工具，那么你很可能就错过了合伙所蕴藏的巨大能量和宝藏。我们来看看合伙是多么宏大的一件事情。

合伙是人类社会的原始本能之一。在遥远的年代里，我们的祖先是如何围猎那些猛兽的？笔者曾经看过一段影像，内容是某个现仍存在的原始部落的成员们正在围猎一头猛兽，十几个人围成一个圈将猛兽困在中间进行攻击，当猛兽冲向其中一人时，对面的数个成员就猛地上前砍或刺猛兽的后部，于是猛兽就停止攻击面前的人，然后转身攻击后面的人，这一次，另一面的人再攻击猛兽的后部，如此往复，直到猛兽伤重而亡。这就是人类最原始的合伙，合伙是活在人类种群的血液里的一种基因性的东西。人类，就个体来说，和其他动物比在很多方面都没有什么优势，但是为什么最后成为了地球生物中的优胜者，除了智力发展以外，其中一个重要的原因就是人类是懂得群体合作的生物。

合伙也是商业合作最基础的方式，它的历史相当古老，基本上是与商业同步出现的。远在公元前18世纪，在目前发现的最早的成文法《汉谟拉比法典》中就明确规定了合伙的内容，这也是很长的时期内商人和商人之间合作的唯一方式。一直到了17世纪左右，有限责任制、公司制、现代股权制才从合伙制中发展了出来。按血统来说，合伙是目前现存所有的商业合作模式的鼻祖。从广义的角度来说，所有的商业合作模式都可以视作是合伙的范畴，都不过是合伙的各种变化形式而已。也正因此，我们常常说：只有懂合伙制的人，才能真正明白公司制的奥秘。

合伙，也不只是指合伙企业。合伙的概念比合伙企业大得多。人们有一个常见的误区，以为搞合伙就是设立一家合伙企业而已，到工商局查名、注册就算合伙完成了。然而是不是合伙，取决于人与人联结的方式是不是符合合伙的实质，并不在乎组织名称叫什么。我们曾经和企业家们谈过一个看似玩笑的话题，就是我们可以将一个合伙企业做成实质上的公司制，我们也可以将一个有限责任公司做成实质上的合伙制，其实说的就是这个道理。这个在本书后面的运用部分会有所提及。

2. 合伙就像一头大象

大象是一种有大能力的象征。对企业家来说，合伙就是一种大能力。企业家的能力很大程度体现在处理关系上。处理关系的能力越强，能够发展的关系层次越多，企业发展就越快越好。合伙，是商业合作中最紧密的方式，复杂度仅次于政商关系的处理，需要较强的能力才能协调和处理好。

很多动物都有自己的特点。比如说毒蛇，以不设底线的方式攻击和防守，不是你死就是我活，所以说它更像是一个破坏者。又比如说老虎，独来独往，从不与人合作。

与其他动物不同，大象虽然体型巨大，但是仍然有非常快的奔跑速度和灵活性；虽然平时与其他动物和谐相处，但是不怒自威，需要厮杀时威力巨大。合伙也是这样，不仅可以迅速做大以适应这个以"快"为竞争基本要点的市场，而且可以用强强联合的方式迅速做强，在分工合理的前提下更大范围地进行合作与竞争。

二、学习合伙的合理路径（见图1-5）

1. 先把自己脚下的土踩实

把自己公司的章程翻出来从头到尾看看，问问自己对于公司制的基本知识是不是清楚，还是只是模模糊糊，从来没有细究过。有些企业家在向我们询问合伙运作方式时，对已经运作了很久的自家公司也是"粗放式经营"，很

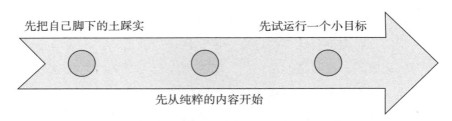

图 1 - 5　学习合伙的合理路径示意

多人甚至没有认真把公司章程从头到尾细细研读一遍。为了了解客户目前企业的基本情况，我们通常会请客户提供目前公司的章程。让人哭笑不得的是，10 个老板里至少有 5 个根本不知道章程在哪里，还有 1 个甚至对于公司有没有章程都没有印象。很多的公司老板，除了知道自己是老板、股权可以转让之外，对于公司制的其他内容都是非常模糊的，比如股东会的职权范围是什么、股东是不是公司的老板、要不要设立董事会、执行董事是个什么职位、监事有哪些实质性的权利、股权和股份有什么不一样等，一概说不清道不明。在这种基础上是没办法学习合伙的。所以，先把公司制原理学习明白，基础牢固了，才能有助于合伙的学习。

2. 先从纯粹的内容开始

饭要一口一口吃，路要一步一步走。没学会走，先不要急着跑。基本要素都没有搞清楚，就不要再加料研究。我们遇到过这样的企业家，公司制没弄明白，合伙制不懂，也没有任何的上市经验，但是一张口就要通盘设计上市前的公司改制及商业模式布局，其中包括企业对合伙的运用。高度是有了，但是地基没有，这就是完全脱离实际的思路，就好像 1 楼、2 楼还没有建好的时候就想着直接要建 3 楼。

合伙，定制性极高，变化多端。但是，在学习时先从最基本、最纯粹的合伙开始学才是比较明智的思路。

什么是最基本、最纯粹的合伙内容呢？就是"普通合伙"。普通合伙，也是最传统的合伙，或者说，在很长的历史时期里，合伙本来就是指的"普通合伙"。之所以加上了"普通"二字，是因为后续有一些变形的合伙模式被法律承认了，就是"有限合伙"。有限合伙人，是因为法律允许它用了"合伙"

二字，但从合伙的本质来说，有限合伙人不算是真正的合伙人，就像木马不算是马一样。关于有限合伙，在本书的后面有专门的介绍。

3. 先试运行一个小目标

不要在没弄清楚合伙的前提下一上来就组织几十人的合伙人队伍，否则，一点点儿小矛盾都容易变成燎原大火，不要说是灭火了，连呼救都来不及，哪里还有时间去经营企业。

合伙的运用建议也要一步一步地循序渐进，可以先从设立一个简单的合伙企业开始，可以从两个人合伙先试着开始，也可以考虑用一个短期小项目试验合伙团队的运作。不建议在开始阶段就将合伙的规模搞得很大、人数很多，更不建议在实际操作初级阶段就直接实施包含合伙在内的复杂项目或重大项目，除非您找到了一个精于此道的合伙人。

按照上述操作建议，可以让你学习合伙的路顺畅许多。但是，要防止出现"盲人摸象"式的操作。

什么叫盲人摸象，就是以为合伙可以通过简单地自我摸索就能够实际运用，于是在没有任何学习基础的情况下直接套用其他合伙企业的模板，或者想当然地试着干了起来。这是一种相当不好的思维习惯。

家里需要装修时，通常人们有两种迥然不同的思维。第一种人，他们本身并不具备这样的技术基础和背景，但习惯性地会倾向去自学相关的知识，然后尝试自己去完成装修工作，原因不外乎节省基本成本或者对外包不信任；第二种人，在他们本身并不具备这样的技术基础和背景时，会习惯性地寻求外部的专业人员来完成装修的事项。请问，您拥有哪一种思维习惯？我们推崇的是第二种方式，因为理性地分析一下，大家都能判断出第一种思维是不好的，投入产出完全不成正比，浪费大量宝贵的时间。

盲人摸象式地学习合伙，最大的恶果是将合伙的部分内容当成了合伙的全部，形成了很多错误的成见，摸到鼻子的说大象就是软的，摸到腿的就说大象是粗的，摸到身体的就说大象像一面墙，摸到尾巴的就笑话说大象不过是个细细的小东西。错误的成见会带来错误的分析和决策，进而给企业的经营管理带来不可预期的负面效果。比如，下面这些错误的成见，通常就是因为盲人摸象式的操作而形成的，我们一起来看看，你心中有没有这些错误的成见：

- 合伙企业就是合伙。我成立过好几家合伙企业了，所以我是懂合伙的。
- 合伙企业的用途主要就是为了募集资金，让合伙人投资合伙企业，然后合伙企业再做投资。
- 合伙企业就是有限合伙企业，普通合伙人只能是我一个人。
- 合伙人按出资比例享受收益分配，按出资比例拥有投票权。
- 公司的所有核心股东都是合伙人。
- 假如我找来的合伙人不能完成我规定的业绩，我就有权除去他合伙人的身份。

上面这些想法，不是我们凭空想出来的，是在我们的咨询服务过程中客户们提出的。客户们怎么会有这些想法呢？因为他们都或多或少接触过一些合伙的信息，例如参与过合伙企业、听过相关的培训、看到过别人的有关合伙的协议。但是他们都没有完整地了解过有关合伙的基础知识，于是只能根据以前运作公司制的经验去反推，最终导致这些成见。

有成见不可怕，我们成长的过程就是在不断破除原先的成见。但更重要的是，我们要突破形成成见的思维习惯。盲人摸象式的学习和照搬照抄式的操作是不可取的。让我们看一看李嘉诚先生是怎么做的。

2017 年的李嘉诚先生已经 89 岁高龄了，他专门请来了 DeepMind 创始人、阿尔法狗（AlphaGo）之父 Demis 和 Mustafa 专门给自己授课，用李嘉诚基金会微博上的用语是"一早准备好了纸笔墨"等待听课。

李嘉诚先生的这种学习的思维方式是最值得推崇的，就是踏踏实实地从基础开始了解一样新事物。相反，有些人就比较浮躁，一些较有名声的人可以在对人工智能的基本运作原理都没有搞清楚的前提下做出各类评论，说什么"程序是由人编制的所以智能不会高于人类"之类的错误结论。这种错误的学习态度和方式如果拿来学习合伙必定害人害己。

我们带孩子去学钢琴、学游泳的时候，负责任的老师都会反复强调一个观点：一定要把基本功先练习好，否则成绩上不去，而且以后定型了想改会非常难。你去看一看，世界上著名的钢琴家、运动员、顶尖的科学家都是从最基础的练习开始的，没有一个人可以跳过基础学习阶段而走到高层次。为什么很多企业家在企业发展遇到一定瓶颈的时候会去给自己补课，比如财务基本知识、企业经营管理理论等，并不是因为这些知识自己一点儿都不懂，而是感觉基础不扎实，需要系统地学习一下，这也是同样的道理。

很多努力的企业家们正在盲人摸象式地学习运用合伙，很多学习资料也是盲人摸象得来的，我们希望本书能够改变这一切，让中国的企业家们能够看清合伙这头美丽的大象、这头具备大能力的大象，更希望中国的企业家们能够创造自己的大象，然后自如地驾驭自己的这头大象，在商业的世界里纵横驰骋。

关于合伙的四个比喻，已经谈完了。通过这四个比喻，关于合伙的基础知识，作为企业家来说已经基本可以弄清楚了。

第二章

理解合伙：让你的商业关系不简单

第一节　企业老板常犯的错误：把合作当作合伙

一个人没有合作对象，他走不远。一个人如何对待合作对象，决定了他能走多远。

传统婚俗办酒席时，有一个安排座次的事项，人们总会按亲疏程度排列主次桌的位置，越亲近的人越近主桌。商业经营中，也有这样一个将你的合作对象分层的问题。

1. 合作就该：有名有分，无名无分，否则过分

中国人传统上讲究一个"名分"，有名则有分，无名则无分。说的是你要给你的关系人一个明确的定位，不能模糊，不能越位。该尽的分如果超过了定下的名，那叫什么？叫"过分"。所以说，在你发展各种商务合作伙伴的时候，有一件事情很重要，就是要明确双方合作的名分。

我们遇到过很多这样的老板，他们是公司的核心股东，持有公司的控制股权，也是公司的经营主导人，他们有时候会有一种对小股东的不满，觉得他们比不上自己对企业上心，比不上自己对企业全心全意，感觉小股东们是三心二意的，没有那种以企业为家的格局，什么事到最后都要自己这个主导人扛。这其实就是一个名分的问题。既然你是控股大股东，最后决策权、利润的大部分都是你来享有，小股东们事实上只有"参政议政"的权利，利润分配还要看大股东愿不愿意和如何分配，他们对企业的关心是按出资比例而在心里确定的。这样对比下来，小股东们对企业的投入程度以及参与感理所当然要比大股东小了很多，这本是天经地义的事情，否则对小股东来说就是"过分"了。

相应地，我们在给包括中层人员在内的管理者做培训时，也提到过一个事情。就是有很多的高管、销售人员总觉得与公司老板相比，自己业务收入的分成太少，隐隐地总觉得不满足和不到位。我们在培训中，直言这是错误的想法。企业家设立公司、招聘员工，所承担的风险和责任是全方位的，企业亏损他要承担，同时他还有继续履行包括支付工资在内的劳动合同义务，而高管和员工是受聘的，并没有承担这方面的巨大风险，自然相应的获利就少。两者在"名"上不是一个性质，所以不能直接比较"分"的多少。高管和员工评价薪酬水平的合理标准应当是以市场上同行业类似岗位的薪酬水平作为参考，而不是用老板的收入做比较。

在商务活动中，你对各类合作关系其实是应当有所区分的，你要确定这种合作是松散还是紧密、是长期还是短期。这其中，最主要的是看这种合作是松散的还是紧密的。你要根据双方合作的实际情况判断和确定这种关系该定位在哪种程度。

不要随便给别人"合伙人"的名分，这和随便同别人称兄道弟在本质上没有区别。你们之间的合作内容也许根本就不适合用合伙的模式，你的合作对象也许根本就没有合伙的意愿或能力。

有一位企业家曾经在与我们交流时认为：多以合伙人的名义与人合作没什么大不了的，就是用个名义而已，这样有利于迅速拓展相关的合作人脉。当时我们用提问的方式回复了：假如你与每一个遇到的人都称兄道弟，那么你怎么称呼那些真正在心里把你当兄弟的人？假如你把每一个遇到的合作对象都称为合伙人，那么未来你真的遇到那个可以和你并肩打拼的人，你想怎么称呼他？

厦门大学新闻传播学院教授邹振东在毕业典礼演讲时向女生们呼吁：不要随便叫一个陌生男人"老公"，无论他多么有名、多么有钱。我们在这里呼吁：合伙人，是商业活动中最亲密的合作对象，假如你还没有合伙人，你要给未来的合伙人留一个名分，不要滥用这个称呼。

2. 合作不一定合伙

商务合作的方式很多，合伙只是其中之一，而且是最应谨慎使用的方式。

最简单的合作是什么，就是你我之间有商务往来，下过订单、做过交易。再深入一点儿的合作，例如合作做个技术开发、合作建设一个较长期的项目、你帮我提供一些咨询服务、背景配合。

更进一步地合作，例如你为我的企业系统性地提供经营、销售、管理方面的配套服务，作为我上游或下游的稳定合作者。

以上都是松散型的合作方式。松散型的合作方式，双方仍然是明确分开的两个主体，没有合二为一，通常都是用各类合同来确定双方关系，没有集体行使决策权的情况，更不存在对外统一承担责任的情况。

紧密型的合作方式通常有联合经营、合资和合伙。其中常见的是合资与合伙。这里有一件有趣的事情，因为很多合伙人也是要出资的，所以这让很多人一直分不清合资与合伙的区别。我们这里不谈法律定义，也不谈学术定义。我们在培训中用一句话就让企业家们理解了这两者的区别：找人，钱随人来，是合伙；找钱，人随钱来，是合资。

有位企业家和我们说，他最近找了一个合伙人，我们听了听他寻找合伙人的经过：企业经营时急需融资，在外融资时找到了资金方，资金方增资入股进公司成为了新股东，这就是这位企业家口中说的"新合伙人"。这就是乱了名分。这是合资，因为这个人是跟着钱进来做股东的。股东又叫作"公司出资人"。做股东，只是意味着他对公司的出资入股。

合伙是什么？我们前面说过，像一场现代婚姻。婚姻也离不了钱，而且还可能需要巨款。问题的关键在于，你是因为找到了合适的人才结了婚，配偶的钱财只是跟随着你们婚姻的建立而进来了。假如你说我当初找对方结婚纯粹是因为看上了他的钱，为了让钱进来才和这个人结婚的，那么这叫作结婚目的不纯正，"三观"很不正。假如你拉合伙人纯粹是为了钱（有限合伙人的情况除外），那就是合伙目的不纯正，商业"三观"不正。

把股东误称为合伙人，还有一个更大的实际问题，就是心理预期会发生微妙的不合理变化。大家看看"合伙人"这个词，本身就会给人一种感觉：关系紧密、共同工作。可事实上，股东没有法定义务参与公司的具体工作。股东依法过问公司的情况，那是在行使自己的权利，但是股东实际上就是有权做一名我们俗称的"甩手掌柜"的。大股东把其他股东称为合伙人，说久了就会在潜意识里觉得其他股东应当多为企业出力，而忘记了股东只要出资到位就基本没什么其他义务了。股东之间有很多的不愉快，都是基于这样的错误预期和错误意识而产生的。假如你们之间的关系是建立在公司制的基础之上，都是出资股东，共同的依据只是公司章程，没有其他方面的约定，那么最佳的策略是严格按照合资关系来看待彼此的关系，按照公司法的规定设定合理的预期。

3. 合作要不要升级为合伙

既然合伙这么好，要不要把所有的合作关系都努力升级成合伙关系呢？这是我们在做企业上下游关系合伙升级服务时遇到过的提问。我们的态度是：没有必要，实事求是，分人分事，按需操作。

"甲之蜜糖，乙之砒霜，过犹不及。"这就好比是一对普通男女朋友，感情很好，一直都相处得非常融洽，有一天，其中一人觉得对方实在太好想要升级一下当前关系，于是就提出双方转成恋人关系。设想一下，假如另一方并没有这方面的意思，这段关系会如何呢？肯定回不到原先那样单纯融洽的朋友关系了。合作关系也是这样，如果现在的合作方式都是双方满意的，并且合作进行得非常顺利，除非双方都有进一步发展的实际需求，否则就不要轻易去变动这样的合作方式。

合作升级为合伙，双方关系发生了根本性的变化。你今天拿的还是代理佣金，明天你拿的就是利润分成。你今天还是企业外部的朋友，明天就是企业共同的老板。你今天赚钱亏钱只在双方的合同范围内，明天你可能要承担整个合伙的责任和风险。

另外，要不要把公司的高管和技术骨干升级成合伙人呢？笔者劝大家不要轻易尝试，除非只是让他做个有名无实的有限合伙人。高管和技术骨干，也许真的是你很想绑定的人才，但是他们毕竟还是公司劳动合同制下的员工。这个员工的身份限制了他们向合伙人方向发展。大家都知道，我国的《劳动法》经数次修改后是比较强势的，对企业与员工之间的关系规定具有明确性和强制性。通常，员工与企业间发生任何事情，都会放在劳动关系这个大框架里去考虑，只有极少数的事情可以脱离这层关系。你想想看，一个员工变成企业老板的合伙人，会形成这样奇葩的关系：他是合伙人，合伙人算是企业的老板之一，但他又是企业的员工，岂不是说他是他自己的老板，他是他自己的员工。所以说，员工要升级为合伙人，是需要特殊的操作模式的，一定不能成为自己所在这家企业的合伙人。如果操作不当，那么你面临的一定不是合伙纠纷风险，而是法律风险。

我们看到，合作还是合伙，主要取决于实际的需要。一个企业的经营，涉及的各方面内容非常繁杂，企业家们或多或少都练成了千手千眼的本事，有的手多一些，有的手长一些，有的视力好一点儿，有的眼光高一点儿。对合伙和合作的关系讨论，目的是希望企业家都多生出一只懂合伙的"神眼"，用这只"神眼"重新审视一下目前企业的合作情况，看看哪些合作关系可以进一步合理化、优化、深化，是不是有一部分关系可以考虑在一定时期内升级转化成合伙关系，从而进一步增强企业的实力和市场竞争力。

第二节　企业老板常人的误区：把有限合伙人当作真正合伙人

一、何为有限合伙人

木马不是马，有限合伙人不是合伙人。

有限合伙，是学习和运用合伙中的一个疑难点。但是，只要记住本文的标题，就会让你减少很多望文生义的误解。

我国现行的《合伙企业法》是在 2006 年修订过的，修订后新增加了"有限合伙"的内容，之前是没有的。修订后，为了区分新增加的"有限合伙"，所以将传统意义上的合伙改称为"普通合伙"。有限合伙，与传统意义上的合伙，在权利和义务的特点方面，根本不属同一性质，所以，我们说有限合伙人不是合伙人，只是在法定名义上用了"合伙"两个字罢了。

因为出现了这个"有限合伙"的概念，所以现在的合伙企业有两类：

（1）普通合伙企业，完全由普通合伙人组成。就是《合伙企业法》修订前涉及的传统的合伙企业，合伙人的身份都是完全一致的，权利和义务在法律上也都是平等的。

（2）有限合伙企业，由普通合伙人和有限合伙人组成，要求普通合伙人至少有一名，有限合伙人至少有一名。这两类合伙人的权利和义务是完全不平等的，普通合伙人几乎是掌控着整个合伙企业，有限合伙人对合伙企业几乎没有任何经营管理方面的实际权力。

讲到这里，其实已经把这两类合伙人的主要区别讲出来了，但是为了让大家更清楚地理解这里面的特点，我们从其他方面再进一步观察一下，如图 2 - 1 所示。

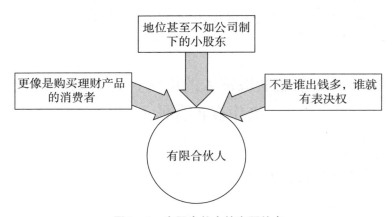

图 2 - 1　有限合伙人的主要特点

第一，有限合伙人更像是购买理财产品的消费者。

《合伙企业法》明确规定，在一家有限合伙企业里，有限合伙人是没有权力执行合伙事务的。什么叫执行合伙事务？就是经营管理合伙企业。也就是说，有限合伙人向合伙企业投了钱，但是对合伙企业的经营管理是无权插手的。有限合伙人更像是一个企业外部人员，只是因为投资与合伙企业有了联系。

第二，有限合伙人的地位甚至不如公司制下的小股东。

在有限责任公司里，小股东虽然持股比例小，没有控制权或反控制权，但是小股东依照《公司法》所享有的各项股东权利都是可以实际操作的，包括提议召开股东会、向股东会提出议案、被通知参加股东会，以及在股东会上发言、表决、投票，还可以通过监事会行使监督职能，等等。小股东虽小，但股东权利一个都没有少。

相比较而言，有限合伙企业里的有限合伙人的地位就低得多。同样是投资企业，但是和普通合伙人相比较，有关管理企业的主要权力全都没有，而且现实的情况是，通过合伙协议的巧妙设置，可以让有限合伙人对合伙企业的管理权接近于零。这对于有限合伙人而言是不利的，但是对于普通合伙人而言反而相当有利。

第三，有限合伙人不是谁出钱多，谁就有表决权。

公司制下，股东只要投资一分钱，那就肯定对应有相当于一分钱比例的表决权，钱投得比其他股东多，表决权份额也就高。公司制下的表决权原则上就是凭出资额决定的。而在有限合伙企业里就完全不是这样，普通合伙人因为他是"普通合伙人"，所以相对于"有限合伙人"来说享有巨大的权利，而"有限合伙人"基本上只有分红的权利而已。有限合伙制里的表决权是基于普通合伙人这个身份来决定的，和出资额多少没有关系。普通合伙人甚至一分钱都不用出，也可以同样有着执行全部合伙事务的权力。

这样听上去是不是很不公平呢？为什么有限合伙人出了那么多钱，但却几乎没有管理权，而一分钱不出的普通合伙人反而有执行合伙事务的全部权力？原因在于立法时考虑的对应责任不同。有限合伙人，仅在出资范围内承担合伙企业的责任和风险；而普通合伙人，对合伙企业承担的是无限连带责任。所谓"有限"，实际上说的就是"有限责任"。

有限合伙，在我国算是一个比较新的事物。因为我们也说过，在1997年《合伙企业法》刚刚颁布的时候，我国法律里面还没有这个东西。但是事实上当时在立法过程中已经有人提到过了，只是最后出台时被删除了。之所以当时就有人在立法过程中提到，是因为这个有限合伙的形式在发达国家并不是什么新鲜事物，当时美国 80% 左右的风险投资机构都是用的有限合伙的形式。1997 年《合伙企业法》颁布后，我们国家引进外资的形势越来越好，国外著名的风险投资机构也进入了中国，也就把这个有限合伙的模式带了进来，甚至在《合伙企业法》修订之前，有些地方已经变相出现一些个例的有限合伙风险投资机构。后来，这些风险投资机构以及相关部门为了更好地促进风险投资业的发展，开始就立法修订中加上"有限合伙"这件事开始呼吁，最终于 2006 年《合伙企业法》修订时将"有限合伙"加了进去。可以说，是风险投资推动了有限合伙的立法，风险投资机构也是运用有限合伙这种组织形式最多的行业之一。其他行业，特别是实业界开始运用有限合伙，也就是近两三年的事情。

二、有限合伙人与普通合伙人的区别

从传统的合伙到有限合伙，再到公司制，不同的只是责任是否有限。用一个很简单的演变图就可以看出三者的关系（见图 2－2）：

图 2－2　合伙制演变示意

合伙（部分合伙人承担有限责任）—有限合伙（全部合伙人都承担有限责任）—公司制。

这也是为什么我们说公司制是合伙制的一种变形或发展的原因之一。

上文中提到，同样是出资，但是有限合伙人的权利地位似乎远远低于在一家公司里出资的小股东。那么，为什么有限合伙企业这种形式会如此普遍地被运用呢？有限合伙人又为什么愿意成为有限合伙人呢？因为相对于公司制下的小股东来说，做一家有限合伙企业的有限合伙人，还是有很多优势的。

在公司制下，虽然有《公司法》规定的严格的内部组织结构：股东会、董事会、监事会这"三会"，还有规定的一系列的程序，看似程序性的权利是比较周全。但是试想一下，假如自己只是一家公司份额占比很小的股东，表决权小到无论你同不同意都不影响大股东通过任何决议，那么这些组织机构和程序反而是一种麻烦。毕竟，你愿意参股进这家公司，本身就说明对于控股大股东是有一定信任度的。在信任的前提下，再去操作这些耗时的程序，对双方而言都是一种消耗。即使发生信任危机了，依靠这些程序也不能达到否决大股东决议的作用，唯一的作用就是以浪费自己的时间为代价去浪费大股东一定的时间和精力而已。这样来看，对于不能或不想对公司产生控制性权利的投资人来说，有限合伙企业就有优势了，因为它的组织结构简单、程序简单，权利少，责任就相应少很多，没有那么多的会议要开。

因为有限合伙人仍属于"外部人"，所以，相对于普通合伙来说，有限合伙还有以下特殊之处要注意：

（1）有限合伙企业名称里一定会有"有限合伙"的字样。

假如一家合伙企业的名称里没有这四个字，就说明这是一家普通合伙企业。

（2）找有限合伙人，就是找钱。根据法律，有限合伙人不可用劳务代替出资。

（3）有限合伙人不能对外代表合伙企业。普通合伙人性质上都是老板，都可以对外代表合伙企业。

（4）有限合伙人事实上就是财务投资人。有限合伙人在合伙企业投资，除非合伙协议有特殊规定，否则有限合伙人在外面的经营行业没有限制，即使做和这家合伙企业有关联交易的、有竞争关系的生意，也都是法律允许的。

（5）除合伙协议有约定的外，有限合伙人可以较为自由地将其在有限合伙企业中的财产份额进行转让或进行质押。

（6）假如有限合伙人死亡，继承人直接取得有限合伙人资格；而普通合伙人的继承人需要取得其他普通合伙人的一致同意方可成为普通合伙人之一。

三、有限合伙人的运用技巧

现在，我们来分析一下有限合伙企业组织合伙人时的一些技巧。

我们以普通合伙人的眼光来看看，怎样组织其他人以有限合伙人的身份加入自己主导的一家有限合伙企业，如图 2－3 所示。

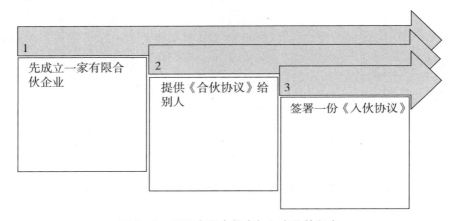

图 2－3　组织有限合伙人加入企业的程序

1. 先成立一家有限合伙企业

为什么不把所有的有限合伙人都找好了再一起去申请设立有限合伙企业呢？道理很简单，因为要大大地提高效率。设立合伙企业，要向工商部门提交的资料里有一份核心的文件，叫作《合伙协议》，它的重要性等于或高于设立公司时的《章程》。假如你把所有的有限合伙人都找齐了再去设立有限合伙企业，你会面临一个让多人审阅、研究、讨论、签署这份《合伙协议》的巨大麻烦，因为任何一个人都可能要求你解释条款、提出修改建议，这些意见你还需要交叉提供给其他的有限合伙人审阅讨论、再提修改建议，这几乎是不可能完成的任务。所以，你可以先找两个人，一个人作为普通合伙人，另一个人作为有限合伙人，先把有限合伙企业申请设立好，再用已经登记生效的《合伙协议》去招募有限合伙人，这样有限合伙人只需要表示同意或不同意就行了，效率一下子就上去了。

2. 提供《合伙协议》给别人

要加入合伙企业成为有限合伙人，必须要同意并遵守《合伙协议》的内容。所以，你必须认真准备一份符合自己企业具体情况的《合伙协议》，千万不要在办理合伙企业设立的时候随便借用一份工商管理部门的模板。模板化思维往往是害人害己的。有些模板可能用起来没有什么大的问题，比如有限责任公司的《章程》，假如你用工商管理部门的官方提供的模板，大的风险不会有，只是缺乏一些个性化的调整和细化的问题。而《合伙协议》则不同，相对公司制，我们的法律对于合伙企业的合伙人提供了相当大的自由度，可以自由协商确立合伙企业内部的各项机制，也就是说，基本上没有一个固定的模板。关于合伙协议的设计和撰写，笔者在下文会专项进行说明。

3. 签署一份《入伙协议》

除了表述同意那份《合伙协议》外，还需要签署一份《入伙协议》，将新入伙的有限合伙人的基本信息（姓名、身份证号、联系地址、电话等）写明确，写清投资款数额以及出资时间，出资时间通常是在《入伙协议》签订后的数个工作日内。出资款必须是从本人银行账户转向合伙企业账户。《入伙协议》中，可以根据不同的有限合伙人的具体情况与其约定一些特别的个性化的条款，只要不违背《合伙协议》的约定就可以。另外，我们建议，对《入伙协议》以及有限合伙人的资料管理、日常联系最好由专人负责。

那么，对准备成为有限合伙人的人来说，该注意哪些方面呢？

第一，建议你对这家有限合伙企业进行一次背景调查，投资金额较大时最好做一次正规的尽职调查，看一下这家企业的实力、诚信、债务情况是否与其宣传的相一致。特别是对这家有限合伙企业的主营业务或主要投资项目要进行调查，对这家有限合伙企业的操盘手（通常是普通合伙人）进行专业性以及诚信度方面的调查，确定投资价值及风险程度，然后再作决策是否要成为其有限合伙人。

第二，对《合伙协议》以及《入伙协议》中的免责条款或减轻普通合伙人责任的条款要特别予以关注，研究一下是否超出必要的合理性。假如投资数额较大且项目风险较大，可以要求普通合伙人再行提供一定的担保给你。所有签署的协议，均应当自留一份并保存起来。

第三，在协议中应当保留有关对合伙企业以及投资项目的知情权以及必要的监督权的条款，看一下相应的条款会不会让这些权利缺乏实际上的可操作性。同时，要在签约前取得普通合伙人、主要经营管理者以及所有相关联系人的姓名、有效联系电话、有效电子邮箱、有效微信号，等等。这样，在未来遇到相应的需求及问题时，可以方便地联系到合伙企业各方面的负责人。

总体来说，有限合伙人适合进行一定的财务投资。但是，目前国内相关行业存在诚信环境建设尚待完善的状况，通过成为有限合伙人这种方式进行财务投资，一定要特别关注有限合伙企业实际控制人的情况调查以及投资项目的调查，在这两个方面，我们的建议是：原则上不熟不投。

有限合伙人只能算是名义上的合伙人，事实上在权利方面远远少于普通合伙人，但是，有限合伙人这种形式在很多领域的运用中还是有相当大的优势。从普通合伙人的角度出发，要找有限合伙人难度并不是太大，因为是找钱，但要找到真正的合伙人（普通合伙人）是有一定难度的，因为是找人。

第三节　合伙＝伙伴＋伙计

一、合伙＝伙伴＋伙计

先来"开一个脑洞"：

假设，《西游记》这本小说里，唐僧师徒几个人可以看作一个"合伙"，他们合伙去西天取经，互相之间也算是合伙人，那么，请问唐太宗、观音菩萨是不是也算合伙人呢？

在小说里（历史并不是这样的）是这样描述的：玄奘出行前，唐太宗李世民宣玄奘上殿，说："御弟，今日是出行吉日。这是通关文牒。朕又有一个紫金钵盂，送你途中化斋而用。再选两个长行的从者，又银骢的马一匹，送为远行脚力。你可就此行程。"李世民送了玄奘西天取经路上可用的生活物品、交通工具和仆人。按现在理解来说，就是给合伙提供了重要资产。李世民算不算是合伙人之一呢？

观音菩萨为唐僧师徒操的心就更多了。不仅为唐僧做了 HR（人力资源），帮助他找到了合适的合伙人，而且还经常性地提供管理咨询和指引服务。他向唐僧提供金箍解决了内部管理的问题，通过捉弄猪八戒控制了团队内的不良风气，不断地为这个合伙团队提供帮助。观音菩萨算不算是合伙人之一呢？

单凭直觉，不会有多少人认为他们是唐僧师徒的合伙人。为什么呢？

因为，合伙 = 伙伴 + 伙计，如图 2 – 4 所示。

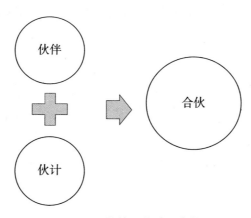

图 2 – 4　伙伴 + 伙计 = 合伙

"伙"，本义是人多。要"成伙"，非常容易，为一件事情临时聚在一起，就算是有"一伙人"了。合伙的关键在于"合"字。

二、何为伙伴

什么叫"伙伴"呢？就是没有地位高低之分的几个人相伴在一起。简单地说，就是地位相当地在一起。

要是两个人的地位落差很大，例如一个是大学毕业刚开始工作的新人，没有什么社会阅历，没有多少社会经验积累，技术层面也没有成熟，而另一个人是在商界浮沉多年的企业家，这两个人是不可能在当下成为伙伴的，所以也不可能成为合伙人。我们在之前的篇章中说过，我们建议企业家非常谨慎地去运作与员工之间的合伙，这也是原因之一，通常只有那些精英层的高端员工才可能成为合伙的对象。

所以，找合伙人也要讲一个门当户对，不是说要完完全全地背景地位对等，而是说不要差距过大。差距过大，双方的思考深度不一致，"合"的难度就非常大。我们的建议是：可以适当高攀，但不能太高；可以适当低就，但不能太低。

伙伴的第二个要求，当然是要能"长相伴"。两个人要能"长相伴"，不仅需要在商业目的、方法、价值观方面能达成一致，而且在沟通方式、性格、工作习惯方面最好也都能够长期地互相适应。通俗地说，就是在涉及工作的主要方面，大家都很合得来，而在那些比较次要的方面大家也都能彼此长期宽容和适应。这其中，沟通是非常重要的。假如两个人都有沟通方面的缺陷，不习惯和别人平等地直接沟通，那么这个"伙"是"合"不起来的。两个人合伙，至少其中一人要有较好的沟通能力，能够有效带动另一方与自己进行沟通。因为大家毕竟是做事业，不是谈恋爱。谈恋爱可以两个人默默不语整天去看海，合伙做事业怎么可以一直默默不语呢？

三、合伙中的"伙伴"需要注意的三个细节

假定你准备和一个人合伙，在商业方面的内容都谈得差不多时，你要特别地想一想你的伙伴能不能做到以下三点，如图2－5所示。

图2－5　宽容＋同频＋论事＝伙伴

1. 宽容

互相之间，对于对方身上明显的缺点能不能长期地包容和宽容，并且是否愿意承担因此带来的麻烦和损失？

2. 同频

能不能和对方长期有效和高效地保持沟通，大家的思维方式是不是在一个"频道"上？

3. 论事

如果双方因某事吵翻了，双方是不是能够保证就事论事而不针对个人，更不用担心对方因此在背后做损害合伙的事情？

这三点很重要，因为合伙不是一天两天的聚会，而是较长期的协作且离不开商业利益。假如你觉得对方无法"相伴"，那么是否要合伙就要谨慎决定了。

有企业家问过我们：具备哪些条件的人比较适合成为自己的合伙人？答案是：先看自己。我们知道维生素通常分为两种，一种叫水溶性的维生素，另一种叫脂溶性的维生素。为什么养生专家会建议大家胡萝卜最好放点油拌着吃？那是因为胡萝卜素是脂溶性的维生素，假如在你的肠胃里没有同时摄入新鲜的油脂，那么胡萝卜素就很难被有效吸收。找合伙人也是这样的。假如您是"水性"的，那么所有"水溶性"的人就容易与您相合，假如您是"油性"的，那么所有"脂溶性"的人就容易与您相合。当然了，有些人既有"水性"也有"油性"，他能合伙的人群范围就更为宽广。所以，合伙是一种能力的体现。一方面，你能找到的合伙人越高端，反过来说明你也很高端；另一方面，你能找到的合伙人层次越丰富，说明你的格局也更为宽广和灵活。最高境界就是"海不辞水，故能成其大；山不辞土石，故能成其高"（大海不嫌弃任何水流，所以能成就它的大；高山不拒绝任何泥土石块，所以能成就它的高）。

既然是"相伴"，那就一定会经常性地在一起。就合伙而言，"相伴"就是指连续性地就合伙事务工作在一起，日常工作主要精力集中于合伙事务，经常性地就合伙事务进行沟通。一对结了婚的夫妻，理应是相伴在一起的。

假如其中一方因为工作原因，长期地只能隔三个月回家和另一方相聚一天，那么这就不能算是相伴。合伙也是要讲专一的。合伙人如果只能把少部分的精力放在合伙事务上，那说明这个合伙人没有把"人"投入进来。合伙就是"人合"，"人"没有投入进来，那算什么合伙呢？当然，合伙和婚姻不同，一个人在合伙时可以同时做其他的工作，但是一定会投入相当多的时间和精力于合伙事务中。我们见过有一些合伙，其中有几个合伙人常年很少到合伙企业来，而且他们都有自己的主要的工作或生意在运作，主要精力完全不在合伙事务上。这样的合伙人，我们只能称之为名义上的合伙人，因为没有"相伴"在一起。

四、何为伙计

下面说说第二个词，叫"伙计"。这个词现在在日常生活中很少用了，在北方还有人用这个词来称呼服务人员。我们说合伙人都是伙计，意思是合伙人应当做具体的事务。假如全职地在另外一家企业上班，那么这个人是没有条件和别人再去合伙的，因为他没有多余的时间和精力再与别人共同工作了。

为什么合伙一定要直接参与经营合伙事务呢？

首先是对自己负责。

成为合伙人，意味着对合伙所有的风险和责任承担无限连带责任。不参加具体的合伙事务，就不能了解合伙事务的具体情况，你就不担心这里的风险吗？

其次是不辜负别人。

合伙是一种缘分。大家能合在一起，说明各自的资源、背景、条件能够互相组合、有效运用于合伙事务中，也说明大家其他方面也都比较合得来。其他合伙人对你在合伙事务中的贡献是有期许的，而你不能辜负这样的期许。

最后是为了公平。

不公平的因素不断累积，最后就会变成不可调和的矛盾。假如一部分合伙人完全投入了精力，承担了合伙事务中的绝大部分工作，而另一部分人基本上属于"甩手掌柜"，那么合伙事务的收益怎么分配，出了亏损又该怪谁，能算得清楚吗？

合伙人亲自参加合伙工作，并不是说每个合伙人都要全职扑在合伙事务上，而是说每个合伙人都应当完成相当数量的合伙工作，不单纯是投资或顾问性质。假如单纯地想做投资，不想参与合伙工作，那么可以成为"有限合伙人"，那就基本失去了参与合伙事务的决策和管理的权力了，这个我们在下一篇中会单独说明。

说到这里，我们换个角度聊一下投资。我们看到，现在很多人都在寻找各种合适的投资机会，但是市场上的"坑"也相当多，很多人的投资都落到坑里回不来了。这几年涌现的P2P（伙伴对伙伴）投资、股权投资、股权众筹、天使投资、风险投资中，有一些缺乏基本能力或存心不良的人利用这些名义吸纳社会资金。我们遇到过相当多这样的投资人。分析他们的投资失败经验，我们可以发现他们都有一个核心的缺失，就是对被投项目缺少真实的了解，包括在投资前的了解和投资后的动态了解。在投资前得到的很多信息，在项目失败后才发现都是虚假的甚至是具有欺骗性的。而在投资后，也缺乏足够的能力和有效渠道去实时了解项目的动态情况，得知投资失败的时候才发现，往往项目半年前就已经确定出现了大问题。我们认为，未来只有专业的有实力的投资机构才有成本和能力去从事风险投资、股权投资，个人是基本上没有能力去从事任何股权类的投资的。合伙是个人资金可以流向的一个的较为安全和实际的方向，但其运作的理念和方式与股权投资不同。合伙意味着你不只是要投资金，还要投入自己的精力和时间去和合伙人一起共同经营合伙事务，也就是说要连人带钱地进行投入。因此你不能像股权投资那样把资金分散到多个项目中去，但是你对所投资的合伙项目的控制是实实在在的，并且在你的努力下是可以发展的，当然前提是你要有能力和资源，能够加入合伙事务的共同经营中去。股权投资更像是银行贷款，有时候就像是把自己的钱投入一个黑洞里让别人去玩，而合伙中的出资，就是亲自和合伙人在一起运用资金，又当老板又当伙计，安全性不可同日而语。

五、合伙中的"伙计"具体要做哪些工作

现在回过头来看，合伙人以伙计的身份具体要做哪些工作呢？

合伙企业的工作从内容方面看，和公司没有什么区别：一是决策；二是具体业务；三是日常管理。

在决策层面：至少重大的事情都要参与。哪些是重大事项呢？例如经营方向的变化、业务的重大改变、重大资产的处置、对外提供担保、融资借款，等等。

在具体业务方面：合伙人之间应当根据各自的特长进行灵活合理的业务分配，没有固定的模式，但是每个模块要确定一个负责人，各模块之间要确定一个协调人。

在日常管理方面：合伙人之间最好统一委托其中一人代为进行，否则容易出现指令不一致的问题。

我们说合伙人是伙计，还有一层意思是说合伙人可以从大事管到最细小的事情。这个和《公司法》规定的公司制是完全不同的。公司制体制下，法律对于内部组织机构是有强制性规定的。所谓强制性规定，就是说你不能随便去更改或自定义的。公司内部必须有三个组织机构：股东会、董事会（或执行董事）、监事会（或单个监事），简称"三会"，这"三会"各自的职权是有法律上的区分的。股东会不能随便去履行董事会和监事会的职能，反之也一样。合伙企业没有这些内部机构，原则上合伙人可以运作所有的合伙事务，可以是最重大的经营决策，也可以是为办公场所打扫卫生这类杂事。这也是合伙相比公司制灵活而便利的一个方面。合伙人在一起可以把从决策到执行全部的事务都做了，不用层层开会去讨论，因为执行的人就是决策的人，而且是成为伙伴的一群人。

其实，有些"有限合伙企业"从本质上来说和一家公司没有什么区别，因为在这些企业里，真正的合伙人只是一个人，即所谓的单个GP（一般合伙人），没有两个人真正合伙存在。但是为什么这类合伙企业能够非常普遍地被

设立起来呢？就是为了"摆脱公司制'三会'的低效率"。对于股东人数比较多的企业，或者公开上市的企业来说，《公司法》规定的"三会"结构是比较合理的，可以充分保护小股东及社会公众的利益。但是在那些股东人数极少并且其中一个股东有绝对控股权的情况下，"三会制度"就变成了某种鸡肋，唯一的作用就是消耗时间，因为开股东会就要先开董事会，而每个会都需要提前 10～15 天去通知，开一个临时股东会再紧凑通常也要 25 天以上。而合伙企业就没有这些内部机构及流程，大大提高了工作效率。

现在我们弄清楚了，要找到真正的合伙人，摆脱单打独斗的状态，一定要找能一起相伴做老板，同时又能一起干活的人。那些没有空来实际做事的合作对象，我们可以通过其他合作方式来合作，但不要把他弄成真正的合伙人。

第四节　合伙就该"不熟不合，分层发展"

一、怎么确定一家企业的价值

这几年经常有初创型企业的经营者会询问企业的估值该如何确定？

评估一家企业价值的方法有很多，要看这家企业的类型、行业以及发展方向，并没有一个固定的算法。但是在这林林总总的各类算法之中，有一个基础而核心的价值点，就是"核心团队"的情况究竟是怎么样的。

无论是哪家风险投资机构，也无论是持有何种不同的企业评价方法，有经验的投资人基本上都会将最主要的评价内容放在两个方面：一是企业的产品及发展定位；二是核心团队构成。

而企业的产品及发展定位，其实也是由核心团队来决定的。企业的产品定位，都是核心团队成员基于已有的工作背景、发展理念而设定的。所以说，归根结底，一家企业特别是初创型企业，其核心价值主要体现在核心团队的构成上。

核心团队是什么？就是你和你的合伙人。

所以，合伙就是企业核心价值的所在。

二、"五级合伙制"的重要性

怎样用合伙的理念来构建一支核心团队呢？最常见和最有效的思路是运用"五级合伙制"来团结一切可以团结的合作力量，如图2-6所示。

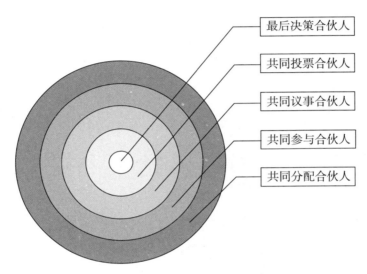

最后决策合伙人

共同投票合伙人

共同议事合伙人

共同参与合伙人

共同分配合伙人

图2-6 "五级合伙制"示意

第一层：共同分配合伙人

共同分配合伙人，是指其薪酬、收入与合伙收益以一定的计算方式挂钩的企业内部人员，可以是高管，也可以是具体业务主管。这一类合伙人，只能间接地参与合伙收益的分配，不属于高管性质，更不算是真正的合伙人。共同分配合伙人更像是一种员工激励制度，将员工的收益与合伙收益的起伏有机地联系在一起。

第二层：共同参与合伙人

共同参与合伙人与共同议事合伙人不同的是，参加第二层级合伙人的会议时只能旁听，不能发言和投票。

第三层：共同议事合伙人

这一类合伙人，通常是从企业内部提拔上来的，从实质上来说是一种类似高管的职务，不能算是真正意义上的合伙人。他们可以参加第二层级合伙人的会议并在会议上发表自己的意见来影响共同投票合伙人的决策，但不享有投票的权利。

第四层：共同投票合伙人

这一类合伙人的等级仅次于最后决策合伙人，对企业所有的重大事项都有参与、表决、投票的权利，而且是对这类事务进行讨论表决的主要力量。虽然他们作出的决策在程序上有可能被最后决策合伙人否决，但因为事实上最后决策合伙人在绝大部分事务中都会通过协商讨论来协调不同的意见，只有在极端的个别事务上才会行使否决权，所以从日常来看，共同投票合伙人是企业日常管理的实际决定人。

共同投票合伙人，也是非常紧密的合伙，有相当大的稳定性。

第五层：最后决策合伙人

这是最高等级的合伙人，对于企业内所有的决策具有最后决定权或否决权。这是企业的实际控制人，因此在设置时必须慎之又慎，甚至我们通常建议在没有合适对象的前提下可以暂缓这一层级的设置。这是最纯正的合伙，也是最紧密的合伙方式，人数不可能多，因为要找到这样的人是需要运气的，能找到一个就不错了，能找到两个这样的合伙人，那就可以去买彩票了。这样的合伙，不仅仅是在商务合作方面有极强的配合度，而且在商业价值观以及个人道德方面都要有相当深入的互相理解和共识，是一种相当稳定的合伙结构。

需要说明的是，通常最后决策合伙人不会轻易行使最后否决权。

"五级合伙制"是一种在企业内部实施合伙的思路，其侧重点在于激励内部优秀员工，为内部员工的成长提供一条清晰的路径，他们可以从最初的共同分配合伙人开始，慢慢地成长为共同投票合伙人。这是国内外许多合伙企业内部经常运用的一种体系。结合我国企业的具体情况，在具体运用过程中要特别留意以下三点：

（1）根据实际需求，借鉴"五级合伙制"的思路，可以设为三级，即将第一层级和第二层级合并，还可以在每一级内再分拆多个层级。例如，第一层级共同利益合伙人还可以再细分为高低不同的层级。

（2）"五级合伙制"的后两个层级是决策层级，必须按照合伙制来操作，而前三个层级可以运用于公司制的体系下。

（3）"五级合伙制"的第四个层级是合伙制实行过程中的关键层级，决定了企业日常经营决策的实施效果和效率，所以应当特别重视第四个层级的建设。第五个层级假如只有一个人，那么第四个层级仍然可以实行有效的合伙制。

我们可以看出，上面说的这个"五级合伙制"的重点是培养发展内部员工，而不是到外面去寻找合伙人，这是我们重点推荐的一种思路。为什么要特别推荐这个思路呢？因为我们在工作中发现某些企业家在寻找合伙人的思路方面习惯于"向外求"，对于"内部挖掘"的关注度和兴趣不高。这类企业家比较迷信"外来的和尚好念经"，或者希望为企业注入新鲜或提升性质的血液。可事实上，从中国商业的实践来看，内部人员似乎比外部"空降兵"更能为企业带来持续稳定发展的可能性。

1999年，"阿里十八罗汉"放弃北京高薪，跟着马云回杭州创业。在两年后一次演讲上，马云告诉他们，不要想着靠资历任高职，"你们只能做个排长、连长，团级以上干部得另请高明"。2006年前后，阿里巴巴的马云从外部引进了一批国际级人才，绝大部分来自世界五百强企业。马云希望这些来自世界五百强的高级国际人才能够帮助企业。到后来，阿里巴巴赴美上市时，当初请的这些"空降兵"绝大多数早就离开企业了。对于当初看轻内部创业伙伴而大举招募国际级人才的做法，事后马云承认是一个错误。

其实，犯这样错误的马云并非是个例，有相当多的企业家在寻找合伙人的过程中都有这种思维方式，希望通过快速引进强有力的合伙人而在短期内给企业带来迅速的发展或更新升级。相反，对于自己旗下的员工、高管，因为平时在管理的等级中自己一直"俯视"着他们，潜意识里就会忽视这些人成为自己合伙人的可能性。而现实是，真正好的合伙人，一定是你非常熟悉的一个人，你们互相都很了解对方，双方都对企业本身有切身的理解，工作中经历了相当时间的磨合，甚至互相对工作方面的优点缺点掰着手指头都能说得一清二楚。能符合这些条件的，通常只能是内部人。

传统上，企业团队建设能给团队成员设定的最大目标只是更高的薪酬和福利。但是，当你理解合伙制后，你会发现自己给团队成员提供的成长路径变得更高级了，不仅仅他们的薪酬和福利在成长过程中会不断提升，而且参与企业决策的程度也会不断加深，他们中的顶尖者最终是有可能成为企业领导者之一的。只要努力，收入高了，最后还能成为这家企业的"主人"之一！"五级合伙体系"对团队成员的激励，可以说是一家企业能给员工激励的最高程度了。

除了"五级合伙人"体系之外，还可以在企业单独设立的下属项目子公司里实行高管参与部分合伙。

三、对外发展合伙关系怎么办

以上内容是关系企业内部发生合伙关系的情况，那么发展与外部人的合伙关系又能用什么样的体系呢？

我们说的对外发展合伙关系，并非是与陌生初识的人建立合伙关系，而是将现有的合作伙伴中某些人升级成合伙关系。这个道理和前面说的在内部员工中培养发展合伙人的思路有相似之处。简单地说，就是"不熟不合"。

与外部合作伙伴升级成合伙关系，会改变原有双方关系的性质，所以称为"升级"，因此也不是可以随意扩大化操作的事情。通常只是从相同性质的合作商里与一名合作者升级为合伙关系。升级为合伙后，原来大家在合作中表示诚意的客套话"你的事就是我的事"就变成现实了。

将原先的合作伙伴升级成合伙关系，在国内还是一件较为新颖的事务，并且是一件有一定复杂程度的事务。我们不建议企业家在没有经验并且没有专业人员指导的前提下去操作，否则容易引发难以收拾的混乱局面。目前，关于合作伙伴升级体系，国内很少有人专门研究和实际操作，绝大部分仅限于交叉持股之类表面化的操作思路。

1. 交叉持股的缺陷

过去，有一些企业家上门来要求我们帮他们调研设计其与另一家企业交叉持股的项目，我们都会向他们解释说明交叉持股的一些缺点，比如出资部分虚化、双方表决权设置困难等。根据我们参与的项目的后续情况反馈，我们认为交叉持股更像是一种心理安慰，实际意义不大。理由是：

（1）交叉持股，通常只是互相在对方的公司中参了股，而且一般来说都是小比例的股份。交叉持股并没有改变两家公司原有的实际控制人状况，只是股东会中多了小股东。

（2）由于交叉持股是互相参股，所以双方其实都没有什么新增的实际出资。也就是说大家其实都没花什么钱。没有花钱的股份，很少能引起重视。

（3）由于交叉持股是互相参的小股，所以双方也都知道在对方的股东会里是没有什么作用的，被通知参加股东会只是对方给自己一个面子而已，所以去对方公司开股东会讨论经营决策也是没有什么积极性的。

（4）我国中小微企业，特别是实际控制人一股独大的公司内，企业会计意义上的利润在合理范围内都是可以操控的，再加上参股比例很小，交叉持股的双方在对方企业利润分配方面都不会存在什么幻想。

以上四点汇总来说，就是不用自己出钱、没有实际权力、没有可观收益。这样的交叉持股不过是"做做样子"。要是以为这样双方的合作关系就深化了，那就需要加强学习了。

2. 对外发展合伙关系的方式

与交叉持股不同的是，合伙是一种真正意义上的深层次合作，它需要双方在某个领域里共同领导、共同经营、共负盈亏。具体的操作思路大致有两种：

第一种方式是双方另行组建一家合伙企业，专门从事双方原有合作内容中的专项工作，并且双方为此共同投入必需的资源和技术管理力量。这种方式的特点是保留了双方原先各自的企业主体，有较大的灵活性。

第二种方式是一方成为另一方企业的合伙人。这种方式事实上是两家企业在原合作内容方面融合成为一体，被升级为合伙的这一方企业从实质上来说类似一种被收购的状态。这种方式适合于一方从事单独为另一方提供专门配套业务的企业类型。

无论是内部施行合伙，还是与外部合作伙伴升级为合伙关系，原则上都应当选择"熟人"，不熟不合。不是所有人都能成为合伙人，能够成为合伙人的一定是少数，在合伙人数量方面不应当有任何不切实际的贪心。像是并肩而战的"最后决策合伙人"，一生中能找到一两个人就已经是很幸运的事情了。

找合资人，是找钱，所以原则上多多益善。找合伙人，是找人，知人知心，众口难调，选择一个错误的合伙人可能会让事业严重受损，所以一定要谨慎，较长期、深入地考察和了解是必要的。合伙人找对了，事业发展的基石就有了，"铁打的合伙人，流水的兵"，高管和员工需要管理者留住他们，而合伙人就是能自己把自己留下的人。

第三章

合伙起步：教你一步一步做合伙

第一节 识缘，惜分，三步找到合伙人

怎么找合伙人？

这个问题很多人都问过，您也许在许多地方也听到过类似的论述，但是会不会仍然感觉不知从何下手呢？这里我们将以前在服务过程中提供给客户的思路用一种比较通俗易懂的方式在这里和大家分享一下。

找合伙人要有三个"明白"，即三步教会大家轻松找到合伙人：想明白、看明白、谈明白，如图 3 - 1 所示。

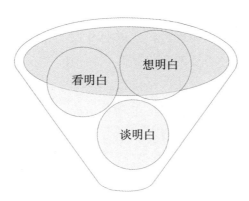

图 3 - 1 找合伙人的三个"明白"

第一步，要"想明白"。

为什么要去找合伙人？我们发现有些企业家起心动念过于轻率。我们就遇到过听说别人在招募合伙人，所以自己也想去找合伙人的企业家，还有为了募集资金想去找合伙人的企业家。做企业不是做试验，实事求是，从实际需求出发才是做企业过程中所有决策的基本出发点。我们常常会问这些企业家：暂时先不要谈找合伙人的事情，想想现在你要解决什么问题？

乔布斯最欣赏福特说过的一句话："假如我问客户需要什么，他们可能会说需要一匹快马。"客户真实的需求和直接的想法往往是不同的，我们需要分析客户话语后面真实的需求是什么，不要听见"快马"，思维就被这匹"快马"给带跑了。

其实，不止客户是这样的，所有人都是这样的，这是人性之中非常普遍的表现。营养学家会告诉你，有时候你明明早餐吃得挺多的，但是没过多久你会感觉有点儿饿，想要吃东西，但很可能是你需要补充水分了，我们的身体发出的缺水信号在经过神经和大脑的处理后也会变成"饿"的感觉。假如你不去认真分析这种感觉背后的真实需求，肥胖就离你不远了。我们的企业家们有时也会陷入这样的思维怪圈。在找合伙人这件事情上，我们见过太多这样的情况了。

有一位企业家说要找一名合伙人，我们询问他找这名合伙人是要解决什么问题，这位企业家向我们介绍了相关情况。实际情况是企业发展到一定阶段，技术外包已经不能配合企业的业务发展，他要为企业寻找一名技术总监，在内部建立起必要的技术团队。在询问了企业可以提供的薪酬福利水平后，我们发现这家企业完全可以提供等于或高于市场平均水平的薪酬。因此，我们直接与他交流分析了相关情况，直言解决这样的需求最好的方式就是直接聘用，完全没有必要上升到找合伙人的方式，否则是人为制造复杂问题。

有一家初创型企业正处于类似股权设计的阶段，核心创始人希望建立某种不断可以加入合伙人的顶层机制，但同时他又强调必须要保证自己的相对控股权和最终决策权，而且希望自己拥有使其他合伙人在一定情况下强制退伙的权力。我们经过内部分析研究后，认为这位核心创始人在合伙知识以及经营思想方面尚没有做好运用合伙的基本准备，乱用合伙反而会给他增添经营思路上的混乱，所以我们建议他直接采取公司制的方式来进行顶层设计，至于潜在合作者可以暂时用收益激励的方式加强合作，待真正做好准备或遇到必要的合伙对象时再考虑合伙的事情。

所以说，在考虑找合伙人的时候，我们建议企业家还是要回过头去分析自己产生这个念头的背后企业发展的实际需求究竟是什么，最好用列表的方式一一列明，然后从实际需求出发，看看有哪些解决方案，判断合伙是不是其中最合适的方式。

当把需求想明白了，而且确认要通过寻找合伙人的方式来解决后，下一步是要想明白合伙的对象需要具备哪些特点和能力，要像招聘广告那样把这类要求也一一列明。这样在头脑里就会有一个合伙对象的基本模样了。

接下来，必须要考虑合伙给企业可能带来的变化会有哪些，需要做哪些准备工作，例如合伙人的职能划分、管理条线安排等。另外，假如企业目前仍是公司制的顶层体制，那么需要考虑怎样改制和有效合法地纳入合伙机制，确保合伙关系的合理和稳定。

第二步，要"看明白"。

以上问题都"想明白"后，下一步就是"看明白"，如图3-2所示。

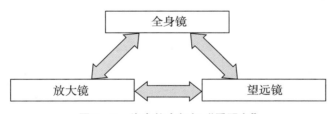

图3-2　找合伙人如何"看明白"

1. 全身镜

人和人的相遇是挺神奇的一件事情。只是因为在人群中多看了你一眼，再也没能忘掉你容颜，这是一句歌词。可是，在人群中不是所有的人都会看你，也不是所有看了你一眼的人都会记住你。很可能有些人看见了你却记不住你，也有可能他忘不了你，你却记不得他。

找合伙人虽然是商业领域的事情，但是确实要讲一定的缘分。而在缘分这件事情上，你是怎样的人决定了你可能会遇到哪些人。所以，找合伙人，要先看清自己，照照镜子，看清自己的一切，包括背景、资源、性格、商业价值观、经营思想等。

对人最难的事之一就是"认清自己"。古希腊的哲学家们已经把那句刻在希腊德尔菲神庙石碑上的箴言之一"认识你自己"，当成了一种智慧和真理。找合伙人之前，假如你对自己的认识出现了比较大的偏差，也就是说和大多数人对你的认知相差太远的话，你在寻找合伙人的道路上将会困难重重，因为在与他人的交流中将会出现相互的信息扭曲，并且容易因不恰当地预期而产生可能引发未来矛盾的隐患。就像那句"癞蛤蟆想吃天鹅肉"，重点不在于癞蛤蟆能不能吃到天鹅肉，而在于其没有认识到自己的身上并没有翅膀。

看清自己，也包括要看清目前企业的现实状况。如果是在创业前寻找合伙人，那么自己要对项目的短期发展有较为准确的预测。对自己的企业或商业计划无意地美化或较为乐观地预计，在对外开展业务过程中是可以理解的，并不为过。但是在谈合伙的过程中，这是要完全避免的。并且在谈合伙的时候，应当尽量就这些方面作一些较为保守地预测，风险和成本预估得宽松一些，预测的收入估算得保守一些。假如过于乐观地预测，很容易造成未来计划不能完全实现的情况发生，那时候合伙人之间就有可能因此产生不愉快，一方容易觉得自己当初入伙是被另一方忽悠了。

2. 放大镜

"放大镜"的意思是用发展的眼光看身边那些离你最近的人。人们常说"灯下黑"就是指这个。缘分的奇妙有时还在于"众里寻他千百度，蓦然回首，那人却在灯火阑珊处"。哪些是可能成为合伙人的"熟人"呢？老朋友、老客户、老员工、老合作对象。这里的老，不是指年纪，而是指长期交往并熟悉的意思。在前面的章节里我们提到过一个合伙的原则，叫作"不熟不合"，就是要找这样的熟人。

与熟人进行合伙的第一个好处在于双方对于彼此的了解已经达到相当的程度了，这大大缩短了相互磨合的时间。与熟人进行合伙的第二个好处在于双方的关系可以进一步优化和稳定。与熟人进行合伙的第三个好处是通过合伙为自己的"老关系"提供了上升的通道和机会。

"放大镜"中的"放大"是指要有发展的眼光。一位跟随你多年的高管，他可能有比较好的薪酬福利待遇，可能在你习惯性的认知里觉得这位高管应该比较满意现在的状态了，不需要特别做什么"升级合伙"的事情。现实中，多少这样的高管在企业家的惊讶中离职了，有的还做起了同样的业务和老东家打起了擂台。为什么会这样？因为人的欲望是无限的，收入的增长并不是所有人的欲望终点，越是有能力的人在事业方面越有对于成就感的欲望。更何况，这是一个人人可创业的年代，是一个充满机会的年代，那些企业真正想留下来的高级人才，正好也都是胸怀大志想要开创自己事业的人。所以，如果你有"放大镜"，就要试着去了解和分析这些人的发展可能性，其中有一些人完全可以成为你未来合伙人中的候选人。不要轻看了自己原先所有内外部的"老关系"，最合适的合伙人人选往往就在他们中间。

3. 望远镜

低头走路，抬头看路。我们一路走来，不能一味地低头不看方向和风向，也不能只看大势不做实事。找合伙人时，既要匹配目前企业的状况和需求，也要适应未来的发展和变化。

谈合伙，一定是主要谈现实，但也要为中短期的发展做好准备。一切都在快速地变化，唯有"快"和"变"是不变的。在找合伙人之前，需要对企业的变化作出一些较为确定的计划，合伙关系要能够适应这样的变化。与一名仅仅具有单一技术的人进行合伙是不太合理的。为什么这样说呢？因为我们可以通过其他更好的方式与其进行合作，但是唯独不太适合与之进行合伙。原因在于合伙人通常是企业的核心领导层。企业对领导层成员的基本要求是要对企业有领导、决策、管理的基本能力。而仅具有单一技术的人，在技术方面的能力未必能转换成全面的管理能力，而且受限于其单一性，到未来技术发生变化时很容易丧失优势。

所以说，除了用"放大镜"看看熟人中间有没有合适的合伙人外，我们还要拿着"望远镜"看看候选人在企业管理、决策方面是否具备一定的能力或明显的潜力，是不是具备了一些可以应对变化和发展的性格与基本素质。

第三步，要"谈明白"。

"谈明白"，不是谈得高兴。

许多人在谈合作或合伙时，很享受那种谈得很兴奋的感觉，似乎只要谈高兴了就算谈好了、谈定了，但事实上并不是这样。谈明白，是指将所有的主要内容都一一谈明确了。大致需要涉及以下几个方面，如图3-3所示。

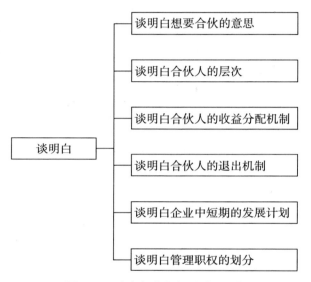

图3-3 找合伙人如何"谈明白"

1. 谈明白想要合伙的意思

很多人对"合伙"是陌生的，你要把准确的合伙定义通俗易懂地告诉对方，然后告诉他，自己想要和他合伙，否则对方可能会误解你的意思。

2. 谈明白合伙人的层次

我们前面说过，合伙人是可以分级运作的，另外还有名义上的合伙人，例如有限合伙人。所以一定要说明白你希望对方成为什么样的合伙人，有哪些权利、哪些义务、哪些责任、哪些收益、哪些风险，谈得越细越好。

3. 谈明白合伙人的收益分配机制

有句俗话说"谈钱伤感情"。我们的态度是"后谈钱才伤感情"。现实生活中，先把利益分配谈清楚，不太会引发什么不愉快，最多有些人一开始有点儿不适应。相反地，那些一开始"你好我好大家好"但就是不谈钱的合作，大部分在最后收益分配时会产生矛盾。

4. 谈明白合伙人的退出机制

什么时候可以退、怎么退，最好一开始就约定好原则。

5. 谈明白企业中短期的发展计划

双方合伙，目的是一起做事业，那么就一定要把企业的发展计划确定，长期的不可预测，但至少在 3~5 年的计划上达成共识。

6. 谈明白管理职权的划分

合伙后，管理方面情况划分要明确，谁管哪一部分、谁负责什么具体事务、怎么互相交流决策、怎么互相监督提醒，等等，这些都必须要谈明白。尤其是怎么开会，我们在下文会专门聊一下。

谈明白，不是只有一方在那里说，而是双方都要充分地交流和沟通，不夸大、不隐瞒，充分理解、彼此加深信任，对合伙一事达成共识。

在谈的过程中，要注意对企业的商业秘密等做一些保护，在提供相关资料时，最好让对方签收时承诺要保护相关的商业秘密不对外泄露。

通过以上这三个步骤：想明白、看明白、谈明白，进行合伙的商议效果就会比较好，也就更有可能找到有缘分的合伙人了。希望大家识缘、惜分，尽快找到自己的合伙人。

第二节　合伙人：什么话要说在前头，怎么说

说话，是一种能力。

说什么，是一种能力。

什么时候说，更是一种能力。

市场经济是法治经济，但是和发达国家比起来，我们国家进入市场经济的时间较短，而我们传统上又是一个人情社会，于是在有些处事习惯上表现出种种冲突。拿我们做生意中最常见的"谈合同"一事来说，轻合同、重人情的习惯很多人还保留着，有少部分人依然公开声称"合同写得再好也没什么用，关键是对方愿意不愿意履行"。这样的态度，假如放在合伙上面，那是要吃大苦头的。

列夫·托尔斯泰在小说《安娜·卡列尼娜》中写道：幸福的家庭都是相似的，不幸的家庭却各有各的不幸。我们借用一下这句话，但是改了一下：幸福的合伙都是各有各的幸福，不幸的合伙都是相似的。

不幸的合伙，最后都会演变成一个相似的故事。故事的主人公会向他的朋友倾诉另一名合伙人的缺德和背信。在这中间有一部分人会反思自己当初在寻找合伙人的过程中，是不是有需要改正或过时的地方，这样他们未来在同样的事情上会做得更好。而另一部分人，会在内心告诉自己再也不与人合伙了。

我们也经常对这些失败的合伙、合作，包括公司制下的股东与股东产生的不可调和的矛盾进行深入的分析和研究，发现这些失败和不幸都可以归因于一个因素，就是合伙的双方在合伙之初并没有把该说的话都说到位。为什么他们不说透说清，不把说好的东西写成协议呢？假如当初把一些细节及想到的事情都一一列明，那么后来就不会产生那么多的矛盾和冲突。当你向这些矛盾冲突的双方了解情况的时候，你就会明白这其中或许有人在作恶，但更多的是因为双方对于某些事情"各自都有完全不同的理解或解释，并且认为这些理解或解释某种程度上都是合理的"。就像菜谱上写的"盐少许"，一个合伙人认为少于一克是"少许"，另一个合伙人认为少于两克是"少许"，盐不多，但不愉快累积到了心里，相似的事情累积多了，只要有一根导火索就能引爆，一旦引爆，这家企业非死即残。

为什么会犯这样的错误？是因为人们总有一个错误的理念，就是认为"讲规矩＝不讲人情"，感觉和熟悉的人一条一条谈规矩会让别人以为自己很功利、很没有人情味，所以往往碍于面子不把这类话题谈得太细。这真的是错误的。不仅在现代法治社会面前是错误，而且和我们国家的传统思想也是不相符的。我们大家讲的人情世故，主要是在传统儒家的思想熏染下形成的。孔子说过："吾十有五而志于学，三十而立，四十而不惑，五十而知天命，六十而耳顺，七十而从心所欲不逾矩。"孔子说过了七十岁才能"不逾矩"而从心所欲，所以儒家是特别讲"规矩"的。所谓礼，本意之一就是指一系列的礼数规矩。你不讲这些礼数，在古代就等于你不懂人情。

　　把规矩和人情对立起来，完全是一种毫无根据的做法，既没有理性依据，也和社会实践经验相抵触。我们想想看，我们最尊敬的老师，我们最欣赏的领导，哪个不是对我们严格要求的？那些优秀的企业，哪家不是把规矩放在首位？讲规矩，在我们看来不是企业家的选项之一，而是企业家的本质属性之一。没有规矩，就没有人情。人情是建立在规矩之上的，不是用来对抗规矩的。

　　回到合伙上，大家都讲规矩，而且把规矩制定得合理有效，其结果是大大减少了争议的产生，因为绝大部分内容的解释和理解都固定明确了。而且，正因为减少了争议的产生，一定程度上也遏制了一些人私欲的不良发展。人的欲望过分地发展，也需要合适的土壤。不讲规矩、漠视规矩是让人的欲望出轨的最好土壤。两个人合伙，很可能本来就是关系非常好的朋友，用良好的规矩减少双方未来合伙过程中可能产生的摩擦和冲突，使大家把更多的精力投入合伙事务的运作中，投入共同的事业发展中去，这样才能让大家的感情更为深厚。

　　那什么时候该讲好规矩呢？我们说，越早越好，最好在合伙协议签字之前把所有的规矩都制定完毕并签字确认。有人说，可以在合伙后慢慢商量各方面的规则。我们认为这是不合理的。因为谈规矩的过程，就是双方决定是否要合伙的一个过程，规矩定成什么样甚至决定了是否要合伙的结局，所以把定规矩放在合伙协议签订之前是合理的操作方法。

　　有哪些规矩要说在合伙之前呢？这个要看合伙事务的业务性质具体分析了。我们介绍一些常见的在合伙洽谈阶段就要提及的内容，这些内容必须要在合伙之前说清楚，否则合伙后一定会出问题，如图3-4所示。

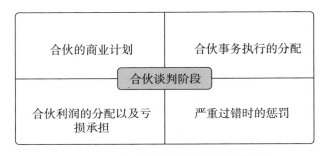

图 3 - 4　合伙谈判阶段要说明的事项

1. 要谈：合伙的商业计划

我们在新设一家企业时，或者我们在寻找融资的时候，通常都会制订一份商业计划书，把企业的基本情况和发展预期写在上面，包括预期的财务数据。我们在打算与人合伙之前，也应当制订一份类似的商业计划书，以便让合伙的谈判对象能够充分了解合伙事务的计划。但是它和用于融资的商业计划书不同的地方有三点：

（1）要说明这份商业计划书不是定稿，只是讨论稿。这份商业计划书本来就是要与合伙人商议后进行修改的，合伙的洽谈对象完全可以就此发表详尽的调整意见。对方提的调整意见越详细，说明合伙的意愿越强烈。

（2）合伙的商业计划书里对发展及收入的预测要尽量保守，以便给对方一个初步准确的印象，这样对方才有一个确切的基础做出是否合伙的决定。

（3）合伙的商业计划书里可以明确写清还缺少哪方面的团队成员或资源。因为，正是有这样的需要才寻找合伙人，也才会拿着商业计划书和对方进行合伙洽谈。

2. 要谈：合伙事务执行的分配

合伙人之间，要具体分配合伙事务的执行。在合伙洽谈的过程中，要把职、权、责、利这四个方面都分配清楚，工作难度及强度也要具体说明清楚，这决定了合伙之后双方需要投入的精力各有多少，决定了是否能够完成各自相关事务的自我评估。假如拟分配给对方的合伙事务，对方自我判断很难达到有效目标，那么对方很可能会做出"不合伙"的决定，这比盲目合伙后才发现无法达到合伙目的要强得多。

执行事务合伙人由谁来担当呢？

"执行事务合伙人"是一个专有名词。在合伙企业的营业执照上，你会发现并没有"法定代表人"这个栏目，而是有一个"执行事务合伙人"的栏目。这是《合伙企业法》中规定的。执行事务合伙人对外代表合伙企业，同时执行合伙事务。执行事务合伙人的确定方式有三条原则：

（1）由普通合伙人担任，有限合伙人不得担任。

（2）合伙人可以委托一名或数名合伙人作为执行事务合伙人，其他人不再执行合伙事务。

（3）合伙人之间对此没有约定的，那么所有的普通合伙人都是执行事务合伙人。

特别是第三条很有意思，它说明在合伙企业的营业执照上，在其中的执行事务合伙人一栏里，理论上是可以把这家企业所有的普通合伙人的姓名或名称都写上去的。假如这家企业有50个普通合伙人而又没有特别约定委托谁作为执行事务合伙人，那么是不是会将这50个合伙人的姓名或名称全部写到营业执照上呢？这虽然是一种极端情况，但我们在上海市的合伙企业营业执照里已经看到过类似的情况发生，执行事务合伙人一栏，出现了两个人的名字。

合伙洽谈中，关于合伙事务执行方面的讨论是重点和难点，因为这涉及权责方面的一种平衡。我们很难说，哪种方式一定是对的或错的，关键是要符合双方的实际情况并达到一种平衡状态，同时又要有利于合作的效果，所以是一件比较微妙的事情。也因此，由此派生的方案设计也蕴含着无穷的可能性。

单就最后决策权这一点来说，就可以有很多的情况需要讨论分析，可以变通方式来适应合伙双方的实际情况。之所以要涉及最后决策权的问题，在于要解决表决事项进行中遇到某种僵局时的策略问题，实际有很多选项，而且在大的选项下面还有多种小的选项。举例来看，假设合伙企业共有两名合伙人，就合伙企业拟收购他人企业这类事情进行决策，如果两位合伙人的意见相左，该定怎样的规矩来处置？第一种方式：有一人不同意就放弃收购；第二种方式：由其中一人行使最终决定权；第三种方式：搁置规定的时间后再表决，然后再按前两种方式之一确定；第四种方式：引入第三方参与或直接加入表决。事实上，假如有需要的话，还可以设计出其他一些方式来。这就是我们说的难点所在。

讨论合伙事务执行权力的分配需要耐心，建议按照《合伙企业法》的思路有序讨论。

3. 要谈：合伙利润的分配以及亏损承担

这方面的内容比较容易谈，因为这样的分配在机制上通常有以下几种：

第一，按绩效来计算分配。

第二，按事先说好的比例进行分配。

第三，按上述两项的混合进行分配。

这里面，需要特别留意绩效分配的问题。对于普通员工，我们可以用绩效的办法计算其工资额，然后才统计出当期的工资支出总额。而对于合伙人而言，分配指的是利润分配，不是工资资金的性质。因此，从原则上来说，除了约定好预留的部分外，所有的其余利润都应当是分配完全的，否则多出来的未分配部分会很难处理。因此，以绩效计算方式分配利润，一定会存在多出未分配利润的可能性，而且还要保证协调数个合伙人由绩效计算出的分配数字之和在利润总额范围内。所以，按绩效分配，在绩效制度的制定设计方面会有相当大的难度。当然，假如按绩效分配仅用于一些"不参与决策只参与利益分配的合伙人"，那是比较合适的。在普通合伙人之间，我们建议按事先约定好的比例分配，这比较容易操作。

分配方式一旦确定，通常会用很长的时间，因为很难再全体通过进行修改，所以在制订分配方式的时候要有一定的前瞻性。

4. 要谈：严重过错时的惩罚

人都会犯错，而且一有机会还容易失德犯法。所以在合伙之前非常有必要把出现这类严重问题时的规矩讲清楚。所谓严重的过错，相对应的惩罚可以分为两种：一种是罚，也就是在利润分配上予以一定的扣除；另一种更为严重，是强制退伙。但是，哪些情况下要予以强制退伙，要非常谨慎，因为强制退伙一来容易激化矛盾，二来容易导致散伙，所以除非合伙人有特别严重的过错，否则不要轻易运用强制退伙。通常以下这些情形被视为可引发强制退伙的严重过错行为：

（1）以各种方式故意损害合伙企业利益，造成严重损失的。

（2）故意泄露合伙企业商业秘密，情节严重的。

（3）有犯罪行为，被刑事处分的。

（4）致商业声誉严重受损，负面社会评价广为人知的。

以上，我们分享了在合伙前哪些关键的因素要先谈细谈妥的内容。当这些都已经谈妥之后，必须要将这些内容转化成文字形式并共同签字确认，其中一些内容应当被写入最终签署的合伙协议。

在合伙之前的洽谈中，洽谈的技巧因人而异，没有一定之规，擅长主导的一方可以自行展开谈判，也可以邀请第三方的朋友或顾问居中进行主导。洽谈中，虚实结合，对于实实在在需要最后双方共同书面确认的内容最好事先谈定，然后再去细聊业务开展中的各个细节及未来预测等较为具体或微观的事情。

合伙洽谈，原则上和我们日常运营企业中商务谈判的性质是相同的，都是要通过交流协商达成共识，不可过分追求自己的利益而不考虑对方的诉求，应在尽量平衡的基础上形成双方都可接受，同时又具有可执行性的方案。

第三节　从一个小目标开始，怎样设立一家合伙企业

怎样设立一家合伙企业？

合伙企业的设立和公司的设立有类似的地方，也是在所有的申请文件都准备好之后，通过工商机关审批而获批成立，但仍然有许多不同的地方，特别是第一次设立合伙企业的人经常会感觉有点摸不着头脑。现在我们来介绍，怎样一步一步申请设立一家合伙企业，如图 3-5 所示。

程序一：先搞清楚自己要成立的是哪一种合伙企业

前文中我们提到，常见的有两种合伙企业：一种叫普通合伙企业，另一

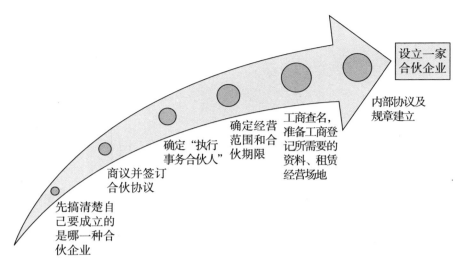

图 3-5　设立合伙企业的程序

种叫有限合伙企业。

　　普通合伙企业是由普通合伙人组成的，而普通合伙人是对企业的风险承担无限连带责任的合伙人，也是最纯正和最传统的合伙人。因此，在普通合伙企业里，所有的合伙人在法律上的地位、权利、义务是平等的，都有执行合伙事务的权利。

　　有限合伙企业是由普通合伙人和有限合伙人组成的，要求必须至少有一名普通合伙人和一名有限合伙人。假如有限合伙企业中的有限合伙人退伙了，这家企业只留下了普通合伙人，那么依法这家企业就应当转换成为普通合伙企业。假如有限合伙企业中的普通合伙人因为种种原因退伙了而只留下了有限合伙人，那么这家有限合伙企业就应当散伙，不能继续存在了。关于有限合伙人的介绍，详见第二章第二节。有限合伙人在权利方面是低于普通合伙人的，没有执行合伙事务的权利，当然对应的责任也少了很多，有限合伙人只在自己的出资范围内承担责任，也就是说只要完成约定的出资义务，有限合伙人对合伙企业就没有其他主要义务了。

　　这两种合伙企业类型的选择，取决于你的实际需求和运用，本身没有优劣之分。

程序二：商议并签订合伙协议

合伙协议是什么？

公司有《章程》，合伙企业有《合伙协议》。它们都是关键性的文件。

合伙企业没有《章程》，《合伙协议》就是合伙企业的核心所在，因为合伙就是依靠协议联结起合伙人的。

《合伙协议》的起草，可以从两个角度入手：第一个角度是从合伙人共同商议确定的内容出发来看协议的内容如何写，这是主要的角度。第二个角度是辅助的，可以找类似行业的其他企业的《合伙协议》参考一下，看看其中的内容有没有可以借鉴的，然后再根据自己的需求对协议内容进行完善。

《合伙协议》的起草，相比普通公司的《章程》来说，难度大得多，对于起草协议的技巧要求比较高，原因在于《合伙协议》中可以自由约定的内容太多，相反法律强制性规定的内容太少，也就是说80%以上的内容都是可以按需制订的。自由度太大了，反而有时候就难了。就像吃饭的时候菜单中的选项太多了，反而需要花时间和脑力去研究与选择。

千万不要在未经仔细研究的前提下随随便便地直接复制别人企业的协议内容，这样的拿来主义是会出大问题的。我们就见过一家初创型企业在运用合伙方式建立员工持股平台的过程中，使用了一个奇怪的合伙协议文本，其中规定每年普通合伙人（就是企业核心股东）要收取员工合伙企业管理费。我们询问了一下这个《合伙协议》的来源，发现是股东从朋友那里要来的，经过我们再次仔细询问才了解到这是一家从事基金业的合伙企业所使用的文本，而基金业经理的收入有相当一部分就来自于有限合伙人（也就是投资人）的投资管理费。说到这个地步，大家就能了解到，这完全是不同的，套用风马牛不相及的合伙协议文本完全是一种错误。

我们在咨询过程中反复强调企业家要摆脱"模板化起草合同"这种思维的限制，要从自己的实际需求出发去制订相应的协议内容。像合伙协议这类自由度极大的协议类型，往往因为不同的需求而制订出不同的协议内容，假如不看标题，你可能都不认为它们是一个类型的。在这种情形下，如果没有弄明白自己的实际需求就直接阅读其他企业的《合伙协议》，那么你就很容易被那套《合伙协议》的模式限制住了自身的想象力和需求，你会下意识地认为合伙企业大概只能按照这份协议的内容运作。

《合伙协议》的起草重要性还在于这份协议具有一定的长期性。长期性不是说它本身是长期的，而是说一旦签订后很难随意去修改。在一股独大的公司里，控股股东想要修改公司章程是一件比较容易的事情，几乎可以直接交给行政部的负责人去办理，自己都不用太操心。而合伙就不同了，合伙的表决原则上是按人数算的，不是依靠出资多少来计票的，所以要修改《合伙协议》必须要有足够人数的合伙人的同意，还要在办理工商变更登记的过程中取得签字等配合，不是一件太容易的事情。特别是一些涉及个人利益的修改内容，很有可能就有合伙人是不同意的。

程序三：确定"执行事务合伙人"

合伙企业没有"法定代表人"这个职位，但有一个"执行事务合伙人"的职位。我们前面提到过，执行事务合伙人的确定方式有三条原则：

（1）由普通合伙人担任，有限合伙人不得担任。

（2）合伙人可以委托一名或数名合伙人作为执行事务合伙人，其他人不再执行合伙事务。

（3）如果合伙人之间对此没有约定，那么所有的普通合伙人都是执行事务合伙人。

从管理和决策的必要效率来看，要选择上面第二项的操作是更合适的，也就是说所有的普通合伙人同时委托一名合伙人作为执行事务合伙人。执行事务合伙人如果不是一名，而是数名合伙人分开来行使合伙事务，对于管理方面的技巧和要求比较高。

执行事务合伙人是一个非常重要的职位，对外能直接代表合伙企业，这和公司制下的法定代表人类似；对内又是内部合伙事务的总操盘手，这又类似于公司制下的CEO（首席执行官）。所以，对执行事务合伙人的选择是非常重要的。实践中，通常执行事务合伙人会比较自由地产生，往往由合伙人中间更具有领导力和执行力的成员担任，目前国内绝大部分的合伙企业仍然选择的是单一执行事务合伙人的模式。

　　单一执行事务合伙人与多名执行事务合伙人，这两种模式究竟有什么不同呢？前者效率高，执行事务合伙人一人对于除重大事项之外的所有事务都能直接作出决策，但是容易使得其他合伙人的能力无法充分发挥。后者由数名合伙人执行合伙事务，更有利于发挥强强联合的倍增效应，但是在职能分工、配合、协调以及互相监督方面需要较高的设计技巧，如果机制没有设立好反而会陷入内部混乱、冲突以及决策僵局。获得任何优势都是有代价的，假如你想得到强强联合的效果，那就要在设计机制方面投入必要的时间和成本。亚马逊公司的物流系统为什么领先于同行业其他企业那么多，那是因为从很早开始它就在自动化物流的研究方面投入了大量的科研开发成本。合伙也是一样的，选择从容易的做起，有利于快速起步；选择较难的做起，有利于更长远的竞争。

　　执行事务合伙人应当定期向其他合伙人报告事务执行情况以及合伙企业的经营和财务状况，其执行合伙事务所产生的收益归合伙企业，所产生的费用和亏损由合伙企业承担。

　　《合伙企业法》规定：在合伙协议没有特别约定的情况下，合伙人分别执行合伙事务的，执行事务合伙人可以对其他合伙人执行的事务提出异议。提出异议时，应当暂停该项事务的执行。如果发生争议的，一般事项通过合伙人会议一人一票过半数通过，重大事项全体同意后通过。我们可以发现，如果按照《合伙企业法》规定的这个流程操作，实际上会严重缺乏效率，现有的市场不会给这么多的时间去等企业的内部表决。所以，我们建议在多个合伙人分别执行合伙事务时，应当在合伙之前或合伙之初就研究设计一套合理的操作流程，在防范必要的风险的同时，尽可能提高企业的决策反应速度。

　　程序四：确定经营范围和合伙期限

　　前几年许多P2P（个人对个人信贷）理财类的公司因为不规范或违法经营引发了一些社会矛盾和冲突，所以国家相关部门对于投资类企业的设立出台了一些严格审核的政策，以致一段时间里要成立经营范围里含有"投资"内容的企业会有困难。合伙企业在确定经营范围时应当向注册地所在的工商机关详细咨询，免得所有的文本交给工商机关后又被要求重新修改。

很多人在成立合伙项目时并不注意"合伙期限"这个内容，填写时比较随意。其实，合伙期限也是要配合这个合伙项目的需求来定的。对于那些计划在合伙一定时间内没有达到预期效果就结束的项目，事实上可以使用这个合伙期限的约定，以便期限届满时可以自然终止合伙，以达到合伙之前的计划要求。

合伙，本来就可长可短，可永续也可单项。合伙可以是就一个行业进行经营，以不定期限的方式进行合伙，也可以就一个固定的项目进行合伙，项目结束、分配完成就散伙。

程序五：工商查名，准备工商登记所需要的资料、租赁经营场地

合伙企业的命名，除了企业字号以外，在企业的完整名称里要写明"普通合伙"还是"有限合伙"，不能使用"公司"这类词语。实际情况中，合伙企业有的取名叫××中心，有的取名叫××事务所，起名的方式还是挺多的，我们建议可以查看一下国家企业信用系统中其他合伙企业的叫法，或许会给你的企业的取名带来一些灵感。

准备工商登记所需的资料时，请严格按照当地工商机关的要求进行，事先做一次咨询或者直接委托专业中介机构操作。

在工商机关审查过程中，经常会遇到要求更改《合伙协议》的情况，这时候需要具体分析。有的时候，工商机关提出的修改建议是合理的，那么我们可以直接修改后再送审。但有的时候，工商机关窗口办事人员提出的要求事实上与合伙人商定好的协议内容有所出入，这时候我们建议大家去寻找明确的法律条文依据，双方进行有效沟通，工商机关办事人员通常都会按照明确的法律规定来操作。

另外，不是所有的合伙人协商确定的事情都要写进《合伙协议》里，有些内容可以以其他有效法律文件的形式另行存在，不要一股脑儿地都写进《合伙协议》里。要合理区分内容，原则上长期不会变的内容、法律规定必须要有的条款，是一定要写进《合伙协议》里的。其他内容可以以其他协议或规章制度等文件形式存在。

程序六：内部协议及规章建立

在向工商机关申请设立合伙企业的过程中并不需要提交这类协议及规章，

但是从实务需要来说，这项工作应当在决定设立合伙企业之前就已经基本完成，毕竟大家建立合伙的目的是从事经营，不是为了合伙而合伙。其中，合伙协议没有提及的有关合伙人之间的各项约定、合伙企业的具体工作计划和安排、具体的初期工作安排都应当在合伙之前就全部敲定，部分内部用于管理员工的规章制度可以在合伙之后适时制订。现实中，很多合伙在合伙企业还没拿到营业执照之前已经在实际运作经营了。

最后，当合伙企业获得批准取得营业执照后，后续的银行开户、税务登记、印章制作等事务性工作与设立一家新公司没有什么不同。

现在，你已经拥有一家合伙企业了。当然，对于合伙之路来说，这还只是一个开始。

第四章

合伙进阶：建立一个和谐、有力的合伙企业

第一节　合伙人开会的"五少五多"

一个人单打独斗时，没有伙伴，但是独断独行，不需要和别人共同作决定。

有了伙伴，开始合伙了，所有的重大决定都要共议共决，这时，就该"开会"了。

开会，不外乎三件事情：汇报、讨论、表决。看起来是很平常、很简单的一件事情。但是，有相当一部分的企业家事实上对于"开会"这件事情很不擅长，我们经常发现：

- 有的企业几年不开股东会或合伙人会议。
- 有的企业的股东或合伙人丝毫没有参加会议的动力。
- 有的企业不得不开会时，往往会闹得不可开交。
- 会议冗长，没完没了，往往开了两天但最后一个决定也没有作出来。
- 把开会当成了年度聚会，吃吃喝喝玩玩。
- 开会没有规矩，随意讨论，随意延伸议题。
- 有人因故没来开会，其他人就随意代他在决议上签字同意。
- 法院里有关股东会决议无效或撤销的案件越来越多。
- 连续多年不开会，小股东上法院请求解散公司。

曾经有一位企业家和我们说过，他在开会之前其实已经把决定作了，只不过想在会议中听取一下意见而已。那么这个会不过是一个征求意见的会议，是一种"单向"的会议。所谓"单向"，就是说由会议的一方来主导和控制，目的是为了将自己的意志告知、通知到会议的其他参与者，而不是来共同讨

合伙

论决定相关的议案。而在企业顶层结构中，也就是合伙人或者股东这个层面，原则上会议应当是一种"双向"的会议，所有的重大决定应当是通过共同表决产生的。

开会不是简单地把人召集起来，开会是需要学习的一门学问。市面上有一些专门教人怎样开会的书籍，但是这些书籍通常关注的都是内部管理类会议或业务类会议，鲜有提及企业顶层结构的会议。要知道，公司领导召集中层开一个会，这与股东会或者合伙人会议性质是完全不同的。领导召集中层管理人员或员工开会，是公司领导主导的一种单向的会议，与会者在管理地位上是不平等的。而股东会或合伙人会议中，与会者的管理地位是平等的。所以，要开好合伙人会议，绝对不能采用给下级员工开会的那种模式。

开会这件事情，对合伙的运行起着至关重要的作用，合伙人之间的交流就是通过不同形式的会商来达成的。假如合伙人之间的开会不能正常进行，那么合伙人之间的交流就会存在障碍和问题，而合伙人如果没有有效的交流和配合，也就失去合伙的意义了。

那么，怎样才能真正有效地开会呢？一谈到这个问题，有些人自然而然地会说要建立有效的会议制度。这话也对，也不对。确实，有效的会议制度可以合理安排合伙人之间的会议操作。但是，制订合伙人会议制度的前提是：要有合理、科学并且适合自身情况的合伙人开会理念和思维。合伙人会议制度不是凭空而来的，它是根据合伙人对会议的理解和认识来制订的。假设你只是把合伙人会议理解为"一个会议室里合伙人排排坐"，那么你制订出来的合伙人会议制度就很有可能更像是一个"会务安排"，就像外面那些专门从事会务服务的公司一样，而合伙人会议制度的实质远比会务安排要深刻得多。良好合理的合伙人会议制度将是真正凝聚合伙人力量的日常机制，而且能使合伙人在合作中彼此更加信任。相反，不合理的合伙人会议制度，不仅无法发挥凝聚合伙人力量的作用，而且会不断产生离心力，不断地引发各种误会、矛盾、错误等，最终导致合伙人之间变成陌生人，甚至是仇人。

这里向大家介绍一下我们独创的"五少五多"的合伙人会议制度理念，如图4-1所示。

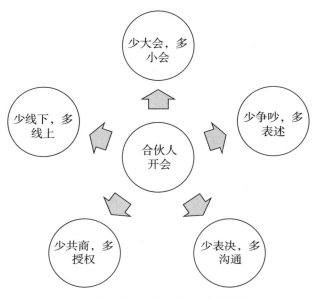

图 4 - 1 "五少五多"合伙人会议制度示意

1. 少大会，多小会

喜好开大会的人还是挺多的。我们并不反对开大会，但我们不主张合伙人经常开大会。什么是大会呢？例如时间特别长的，一开就是两三天的。还有参与会议的人太混杂的，除了合伙人之外，把高管、主要合作商、投资人都拉来参加合伙人会议的。

合伙人需要长时间开会讨论的，必须是极其重要的事项，例如：企业发展方向及计划的确定，对外投资计划的确定，合伙协议的修改补充，新合伙人的加入、退伙、收购、融资、上市，等等。日常的经营管理工作中需要商议的，通常都不建议开长时间会议。

长时间的会议，往往是因为会议制度的不健全造成的。有的企业开会没有事先安排的议程，或者是有议程但是实际开会过程中不严格按照议程走，乱开"无轨电车"。有的企业对于发言次序没有制度安排，发言时间、次数、规则都没有事先约定。曾经有家企业的合伙人之一就向我抱怨，在会议中有一位合伙人发言时间特别长，会议主持人要求他发言简洁一些，反而被这位合伙人反驳："难道剥夺我的发言权利吗？"会议主持人无言以对，只能让他继续说下去，这场会议最后开了整整两天，因为大家最后都没有时间了才结束，而这两天中有一天的时间几乎都是这一位合伙人在发言，其他合伙人甚至是没有机会和时间再去发言了。

长时间的会议，有时也与会议前的准备工作不充分有关。我们说的准备工作不是安排会场，也不是通知合伙人到会，而是要将会议所要讨论的议程以及所有相关背景资料充分提供给所有合伙人。不仅要事先充分提供资料，而且应当在会议前就此开始非正式的交流，尽量在会议之前将焦点聚集在大家需要花时间充分发表意见的内容上，而那些细枝末节或者大家没有异议的事情在会前就可以达成默契了。我们在参与一些会议时，经常会发现错误的示范，就是组织者在开会时才在每人的面前放置会议讨论所需的资料，参会人员开会时匆忙阅读思考这些内容，其间因为理解不充分、互相之间没有前期的交流，导致很多争论，其实，这都是浪费时间。

那什么是开小会呢？小会，就是指合伙人之间就一项具体的内容进行沟通讨论，迅捷地作出结论或表决。小会的时间通常应当控制在 30 分钟之内。假如合伙人人数少于 3 人，那么时间应当更短。

小会和大会的比例应当怎么控制呢？根据我们的经验，除非企业的运营有特别重大的事项变化，否则大会一年开两次通常就够了，而小会可以每天都开，按需而定。每天两次的小会甚至可以直接代替领导层的晨会和当天小结会。

2. 少争吵，多表述

每个人都倾向于自己的观点和思想，当遇到不同意见时，很多人下意识里会有抗拒心理，较为内敛的人可能更能控制情绪和话语，而较为外向的人可能容易直接与对方发生辩论，试图说服对方。所有有一定经验的企业家都会了解，要说服对方接受相对立的想法，几乎是不可能完成的。说服对方的行为，一方面是出于人性守护自己意见的本能，另一方面很可能是为了合伙事务的共同利益着想，认为自己的观点更有利于大家的利益，这些都是可以理解的行为。

合伙人互相之间的辩论，对于共同决策是有好处的。但是，辩论不能变成争吵。争吵对于合伙是不利的。辩论和争吵的区别在于"表述"。发现伙伴的意见对合伙事务的发展会造成严重问题的时候，应当直言，这才是合伙人应有的态度，但是要把侧重点放在论述上，讲理由、讲事实、讲分析，而不是一味地只说观点和结论，更不要上升到人身攻击的地步，否则就是争吵了。我们举一个例子来看：

　　争吵："我不同意你的观点，你的观点愚蠢透顶，企业会严重亏损的。"

　　表述："我不同意你的观点。第一，从市场角度来看……第二，从我们之前的操作经验来看……第三，从财务角度来看……我的意见是……"

我们看到，在这个例子中，第一种说话的方式，就是一种争吵，因为没有具体表述的内容，只有结论，甚至还有言语攻击的意思。而第二种方式里，整个重点都放在讲理由和分析上面，这就是"对事不对人"的说话方式。当然，即使是采用第二种方式，大部分人仍然是无法被说服的，但是在这样的交流中双方都没有任何情绪和感情上的损害，而且假如你习惯这样的交流方式后，你会发现交流双方其实都在促进对方成长，这是一种相当好的关系，也是合伙关系最顺畅的表现之一。合伙关系顺畅，不代表意见都要一致，而是各自拥有成熟的主见，但又能互相充分交流，彼此慢慢吸收他人思维和经验上的长处，互相得到启发，共同成长。

3. 少表决，多沟通

合伙人开会，有时是为了对一件事务进行表决。但大部分时候，合伙人之所以要经常性地开小会，是为了保持充分而有效的沟通。不能保持充分而有效的沟通，就不能有效地进行配合，很多的商业机会就会因此丧失。

现代商业活动中，最大的成本就是沟通成本。合伙人之间不沟通，那合伙就有名无实。合伙人之间想要达成有效沟通，要建立几个观念：

（1）经常性地告诉其他合伙人你在做什么、打算做什么。这不是为了表功，也不是多余的工作。因为只有这样，其他合伙人才能有机会配合你、协助你，或者至少不会重复你的工作。

（2）经常性告诉其他合伙人你在想什么。特别是对其他合伙人的行为、言语有不满或疑问时，建议一定要尽快地向这个合伙人提出来，最好在当天就解决这些问题。就像有些夫妻约定的那样，"床头吵架床尾和"。

（3）要充分告诉其他合伙人你会什么、有什么。你的资源、能力、关系，都应当尽量充分地提供信息给你的合伙人。在合伙前，机会只给做好准备的你。在合伙后，假如你的合伙人知道你会什么，那么获得机会的人数就变成了所有的合伙人，成功的概率就大大增加了。

（4）要及时寻求其他合伙人的协助。当你在处理合伙事务过程中，遇到一些自己的资源尚无法完全匹配的事务时，要及时向你的合伙人发出求助信息。寻求协助，本来就是合伙关系的一个内容。

4. 少共商，多授权

所有的事情都由全体合伙人一致商议来决定，看上去似乎很正常，实际上很不妥，因为不符合现实。市场竞争如此激烈，任何决策都要尽量快速，所以在决策机制方面一定要多变通，比如说多授权。将本来需要合伙人会议来表决的事项在一定的条件下、一定的时间内授权给特定的人直接决策和执行，这样可以大大地提高决策效率，只要配套合理的监督机制，就基本可以平衡相应的风险。

授权分为两种，一种是合伙人之间的职责分配，另一种是将部分职权授予合伙人以外的人员，例如合伙企业聘请的经理等高管。授权，要注意三点：

（1）区分

要根据合伙的具体情况来确定哪些合伙事务可以授权给非合伙人，哪些只能授权给合伙人，哪些只能短期内授权，哪些不能授权只能开合伙人会议来决定。这方面没有什么固定的模式，你可以按自己的思考和要求来安排。通常，合伙的重大事务，比如对外投资、融资、修改合伙协议、上市、对外提供担保、批准年度计划、批准利润分配方案这类事务，不建议授权给某一个人来操作。

（2）监督

有授权就有监督。只要做出某项授权，那就相应有一个监督机制。监督机制大致可以分为财务监督、行为监督、结果监督这三个途径。一般的授权，只要选取其中一种监督途径就可以了，其中，财务监督比较容易操作。

（3）汇报

得到授权的人应当就授权的事务定期向合伙人作出汇报，这是授权机制的应有之义。

5. 少线下，多线上

现在已经是一个通信及互联网应用非常成熟的时代了，早会都可以线上开了，实在有太多的途径和方式可以进行会议，如在线多方通话、在线多方视频、微信群、QQ群、各类内含群组讨论功能的应用等。当然，为了会议资料的统一管理和备份，最好还是只选择一种方式。假如你今天开会用微信，明天又用QQ，会务资料的统一管理和备份就会非常麻烦。

目前，我们比较倾向推荐的线上方式是"语音＋邮件"。"语音"是说合伙人可以用有电话、微信、QQ等内含的多方通话功能进行会议沟通讨论和口头表决。"邮件"是说在"语音"讨论结束后，要立即将讨论结果以电子邮件方式群发给所有的合伙人，所有的合伙人在回复邮件中写入表决意见。之所以最后要用电子邮件的方式来确认合伙人在语音会议中已经确认过的内容，是因为目前的"语音"技术还不方便保存、备份、使用语音记录，而电子邮件仍然是目前比较成熟的可供统一管理、备份、搜索的解决方案。另外，线上会议方式应当明确地写进合伙协议或者有同等效力的合伙文件中去。

综上所述，只要按照"五少五多"的原则，一定可以制订出比较合理、高效的合伙会议制度。

第二节　合伙企业内部治理的四大法宝

内部治理，在国家规范上市企业的法规政策里是指以公司内部的股东会、董事会、监事会、高级管理人员为核心的一套管理运行制度，侧重点在于对企业内部决策权和管理权进行规范，防止内部人员的违法以及不道德行为，防止非法侵害小股东以及社会利益的行为。

但是，上市企业都是公司制的，而且是股份制的，并不是合伙制的。我们现在要说的是合伙企业的内部治理。在上市企业里，依法必须有股东会、董事会、监事会、高级管理人员这些机构及人员的配置，其中股东会、董事会、监事会这"三会"分别履行不同的权力及管理职能，互相之间有一定监督作用。而在合伙企业里并没有什么股东会、董事会和监事会，难道说合伙企业不需要内部治理机制了吗？

公司制下，内部治理机制一部分是依法必须要有的，一部分是依照需要自行设计的。

合伙制下，内部治理机制几乎全部都是依照需要自行设计的。

对，你没有看错，合伙制下，内部治理机制几乎全部是可以自定义的。对于很多原先没有深入接触过合伙制的企业家来说，这个"全部自定义模式"既是机会又是挑战。为什么这么说呢？

现在，生活水平普遍提高了，有很多人穿的衣服、鞋子都开始选择"定制"。例如鞋子，厂家会通过测量将你脚的尺寸全部准确记录下来，然后根据你指定的款式交付生产，直接根据你的脚样制造出一双量身定制的鞋子。合伙的内部治理机制也是这么一种可以完全自定义的模式，但问题是这双"鞋子"的尺寸要企业家们自己来量，这双"鞋子"也要企业家们自己来制造，这都是需要适应和学习的。那么，我们可以从哪里入手来考虑安排内部治理机制呢？

内部治理机制的运行，是通过企业内部机构以及高管岗位来操作的。也就是说，内部治理机制从表面上来看就是企业内部有哪些内部机构以及高管岗位，另外看是不是有相应的具体制度。例如，有限责任公司内部必须要有"三会"机构：股东会、董事会（或执行董事）、监事会（或单独一名监事），另外，至少还有法定代表人、财务负责人这样的高管岗位。那么合伙企业内部机构究竟是怎样的呢？

与公司制相比，合伙企业的内部机构是比较奇特的。在《合伙企业法》里，涉及决策管理的机构只规定了"合伙人会议"这样的最高权力机构。除此之外，《合伙企业法》没有强制规定其他内部机构。也就是说，除了合伙人会议以外，合伙企业内部要设立其他机构，完全是自定义的。当然，你不能设立所谓股东会、董事会、监事会这类公司制下特有的机构。

正是这样的自定义模式，让很多人不知所措，最后选择了默认状态，就是直接参照《合伙企业法》的规定，不去联系实际看看是不是需要设置其他的机构和内部治理机制。目前很多的合伙企业没有内部治理机制，事实上是潜藏着很大风险的，也是没有发挥合伙潜能的一种表现。我们这里提供一些思路给大家，但要特别声明读者不要受这些思路的限制，如图 4 - 2 所示。

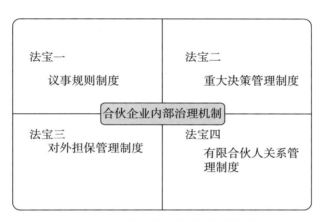

图 4 - 2　合伙企业内部治理机制示意

法宝一：议事规则制度

即使有合伙人会议这个机制，但若没有自定义的内部机构，那么仍然要细化合伙人会议制度，其中最为核心的是议事规则，议事规则中最重要的是表决机制。很多人问我们：合伙人会议表决是不是一人一票这样投票表决，是二分之一通过呢，还是三分之一通过？根据《合伙企业法》的规定，合伙人表决的事务大致分为两类：一类是半数通过的；另一类是全体通过的。具体内容如下：

（1）应当经全体合伙人一致同意的（备注：《合伙协议》另有明确约定除外）。

①改变合伙企业的名称；

②改变合伙企业的经营范围、主要经营场所的地点；

③处分合伙企业的不动产；

④转让或者处分合伙企业的知识产权和其他财产权利；

⑤以合伙企业名义为他人提供担保；

⑥聘任合伙人以外的人担任合伙企业的经营管理人员。

（2）除了（1）以外的事务，实行合伙人一人一票并经全体合伙人过半数通过的表决办法（备注：《合伙协议》另有明确约定除外）。

请特别注意一下上面括号里的"备注"。也就是说，只要《合伙协议》里明确约定好了，表决办法也是完全自定义模式的。单单就这个表决办法已经可以变化无穷，可以应对很多合伙的特别需要，比如合伙人中间的某一位需要较大的表决权，或者在短期内或一定条件下拥有较大的表决权。说到这里，很多企业家一定已经领会到这中间的奥秘了，这里面的天地要比公司制宽广千万倍。

议事规则的第二个重点是会议的制度性安排（详见本章第一节）。

为什么现在很多的合伙企业不重视议事规则的制订呢？根据我们的观察，原因在于很多的合伙企业仅有一名普通合伙人，其他的都是有限合伙人，这样的架构仍然属于一人控制企业的模式，依本书的逻辑，这仍然不算是真正的合伙。在这样一人控制合伙企业的模式下，根本连开会的实际需要都没有，所以更谈不上要去制订什么议事规则了，因为没有人可以议，有限合伙人依法没有执行合伙事务的权利。

法宝二：重大决策管理制度

在合伙事务中，合伙人可以事先共同协商研究确定哪些事务属于重大事务。通常，固定资产投资、金融资产投资、长期股权投资、融资、规定数额以上的大额交易、对外提供担保、拟上市前筹备等事务可以作为重大事项。对这些重大事项进行讨论决策应当要制订更为明细的制度。

首先，重大事务正式决策前应当进行可行性研究和分析。那么谁有职责来牵头操作可行性研究，怎样来操作，是否要外聘第三方机构来进行，可行性研究报告的基本要求是什么等，这些都应当进行必要的规定。

其次，重大事务决策建议由全体合伙人共同商议来决定，在议事规则方面是否要区别于其他普通事务的决策，这些也需要考虑。

最后，重大事务决策执行过程中的监督应当指定部门或专员来进行，并且在必要时制订定期报告及定期检查的制度。在这类重大事务中，财务部门应当作为主要的监督部门。

法宝三：对外担保管理制度

企业对外提供担保，一直是风险较大的行为之一，很多企业往往因为一个担保事务的牵连陷入困境，尤其是对外提供连带责任担保更是如此。所以，合伙企业在对外担保的管理上有必要制订严格的审查及管理制度，防止这类风险的产生。

首先，要严格控制对外提供担保。对外担保必须要遵循合法、安全、审慎、互利的原则，严格控制担保风险。对外担保不能违法，也不能违反《合伙协议》以及合伙企业内部的有效规定。合伙企业为他人提供担保必须有正当且充分的理由。原则上禁止对偿债能力明显有问题的单位和个人提供担保。对于担保金额较高或者合伙企业累积担保金额已经超出一定比例的情况更要严格控制。不得为合伙人及其关联对象提供担保。在决策前应当对被担保对象以及担保的债务情况进行充分的背景调查，掌握被担保对象的资信状况，对该担保事项进行全面的了解和分析。

其次，要对相关的合同及资料进行严格审查。必须对担保合同的合法性和完整性进行审核，重大担保合同的订立应当征询法律顾问或专家的意见，必要时由聘请的律师事务所审阅或出具法律意见书。对于强制性条款或明显不利于企业利益及可能存在无法预料风险的条款，应当要求对其进行修改，否则应拒绝为其提供担保。对外提供担保时，应当要求被担保对象提供反担保等必要措施。被担保对象或第三方提供的反担保，一般不低于为其提供担保的数额。担保合同由指定部门或专人妥善保管和存档。

最后，要在担保期间内持续性地跟踪了解。在担保期内，对被担保对象的经营情况、债务清偿情况指定部门或专人进行跟踪、监督，及时了解被担保对象的经营情况及资金使用、回收情况；定期向被担保对象及其债权人了解债务清偿情况；关注被担保对象的生产经营、资产负债变动、对外担保、新增负债、分立、合并、法定代表人变更、商业信誉变动等情况，持续跟踪评估担保风险。如有证据表明被担保对象已经或即将发生严重亏损，或发生解散、分立、重大诉讼等重大事项，以及产生重大负债或担保风险明显增加时，应当立即根据情况采取必要的措施来应对。

法宝四：有限合伙人关系管理制度

有限合伙人，其实是合伙企业的财务投资人，不享有合伙事务的执行权利，因此仅在出资范围内有限承担责任。有限合伙人是一个很特别的群体，虽然只是名义上的合伙人，但是对于普通合伙人而言，他们可能更为关心投资回报的问题。他们虽然没有权利执行合伙事务，但是他们仍然有了解合伙项目进展的权利。而且，往往有限合伙人的数量都是比较多的，我们经常见到一家有限合伙企业里，普通合伙人只有一两名，而有限合伙人有数十人之多。因此，为了满足有限合伙人必要的知情权，加强与有限合伙人之间的沟通，有必要制订有限合伙人关系管理制度，指定部门或专人负责相关的工作。

首先，要确定与有限合伙人沟通的内容范围以及信息披露的范围。我们建议可以企业的主要项目的进展情况为内容定期向有限合伙人发送简报，公司有重大情况或变化时应当尽快、及时告知有限合伙人，公司的财务报表数据可视情况定期发送给有限合伙人。关于普通合伙人会议的具体内容可选择性地发布给有限合伙人。

其次，要确定与有限合伙人沟通的渠道和方式，尽量把沟通渠道固定化。可以采取的形式有定期报告、临时报告、企业网站、企业微信公众号、微信群、邮寄材料、电话咨询、来访预约等。

最后，要重视危机公关的预案制订。有限合伙人人数众多并且易形成固定群体，企业一旦出现负面信息，极易在有限合伙人中间引起群体性的反应，如不能及时有效地予以应对，很可能会给企业的正常运营带来障碍，所以，有必要重视有关危机公关预案的制订工作，并指定专人负责。

上述这四个制度设计，可以作为你思考制订自己的合伙企业内部的治理机制的一个引子，不一定要照此模型刻板地制订各项制度。例如，关于对外担保制度，全体合伙人可以协商一致决定禁止以任何形式对外提供担保并且将这个意思写入《合伙协议》内，这样也就不需要什么对外担保制度了。另外，通常意义上说的内部治理还包括企业所聘用的高管的管理、商业秘密的管理以及劳动人事的管理制度。因为这些都不是合伙所特有的，所以在这里不再展开。

是不是合伙企业内部只有"合伙人会议"这么一个组织机构呢？你可以按需创制任何你需要的组织机构。例如，在一些合伙企业里，合伙人会议将一些职责分解下去，创制形成一些专门的委员会，管理层级隶属于合伙人会议之下，比如"投资管理委员会"就负责寻找投资项目进行可行性研究。如果有必要的话，合伙企业的内部结构可以极其复杂，相应的内部治理机制也就需要决策者更多的脑力和精力才能制订完成。

第三节 好聚好散：最佳的退出机制是什么

我们在 20 多年的工作中，近距离接触了数起合伙不欢而散的案例，岂止是伤感，可以说是非常惨烈，谩骂和打架已经算是程度较轻的了，更严重的还有抢公章、抢财务资料、到客户那里破坏企业声誉、诉讼要求解散企业的、举报要把另一方送进监狱的。凡经此折腾，非死即残，能活下去的也都要经过好几年恢复元气。可悲的是，这些互相恨得咬牙的对手，在企业发展之初的时候都有过非常紧密甚至亲密的朋友关系。最初的时候，我们都怀疑"好聚好散"会不会是一个可望而不可即的目标，是不是好朋友最好不要在一起打拼事业。经过多年的研究和实践，我们发现出现那样惨烈的结局基本上不是人的问题，而是机制的问题。之所以矛盾能够积攒升级到那样的地步，往往是因为没有一个合理渠道可以让他们释放出自身的诉求，没有地方释放，最后的结局只能是爆发。想要不爆发，至少要留一个余地，这个余地叫作"退出机制"。

合伙

一、何为退出机制

退出机制，在日常商务交谈中有两种不同的含义：第一种含义是投资了一家企业，然后卖出自己所持有的全部股份，通常是希望在企业上市后在资本市场上套现；第二种含义是股东或合伙人以各种方式退出企业，不再拥有股东或合伙人的身份。我们这里讲的就是第二种含义下的退出机制。

退出机制，从法律上来说，可分为两种：一种是散伙；一种是退伙。如图4－3所示。

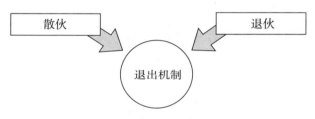

图4－3　合伙的退出机制

我们先来看看哪些情况下可以散伙：

（1）合伙期限届满，合伙人决定不再经营。合伙期限是在《合伙协议》里事先约定好的，期限届满不再经营的，自然结束。这是项目合伙时最常用的方式之一，就是规定一个固定的期限，在期限届满时结算后散伙。

（2）《合伙协议》约定的解散事由出现。可以约定哪些解散事由呢？法律没有限制，只要不违法都可以。例如，在初创企业时，约定在6个月内如累积亏损达到一定数量就散伙，这就是一种很合理的运用。

（3）全体合伙人决定解散。也就是在除上述（1）（2）条的情况以外，只要全体合伙人一致决定散伙，同样可以散伙。

（4）合伙人已不具备法定人数满30天。普通合伙企业因故只剩一名合伙人，或者是有限合伙企业因故没有普通合伙人了。

（5）《合伙协议》约定的合伙目的已经实现或者无法实现。

（6）依法被吊销营业执照、责令关闭或者被撤销。

（7）法律、行政法规规定的其他原因。

我们再来看看退伙有哪些情况：

1. 可以退伙

（1）《合伙协议》约定的退伙事由出现；

（2）经全体合伙人一致同意；

（3）发生合伙人难以继续参加合伙的事由；

（4）其他合伙人严重违反《合伙协议》约定的义务。

2. 当然退伙

（1）作为合伙人的自然人死亡或者被依法宣告死亡；

（2）个人丧失偿债能力；

（3）作为合伙人的法人或者其他组织依法被吊销营业执照、责令关闭、撤销，或者宣告破产；

（4）法律规定或者《合伙协议》约定合伙人必须具有相关资格而丧失该资格；

（5）合伙人在合伙企业中的全部财产份额被人民法院强制执行。

3. 强制退伙

合伙人有下列情形之一的，经其他合伙人一致同意，可以决议将其除名。

（1）未履行出资义务；

（2）因故意或者重大过失给合伙企业造成损失；

（3）执行合伙事务时有不正当行为；

（4）发生《合伙协议》约定的事由。

4. 转让退伙

将自己的合伙财产份额转让给其他人，从而退伙。

从法律关于散伙和退伙的规定来看，其中比较模糊的有两个，一个是"可以退伙"的条件，另一个是"强制退伙"的条件。这也是退出机制设计中的重点和难点。很多合伙企业在成立的时候直接使用了上述语句，没有具体明确其中的内容，造成了这些条款在实际运用时无法准确解释，于是你说你的理，我说我的理，一方认为另一方应当退伙，而另一方认为自己不满足退伙的条件，纠纷就这样发生了。

二、如何正确运作退出机制

对法律规定中如此概括性的内容要根据自己企业的实际情况进行具体明确，虽然需要花一些时间思考，但并不是一件太难的事情。下面我们分享一些具体操作思路。

1. 什么是"发生合伙人难以继续参加合伙的事由"

（1）失踪，或被人民法院宣告失踪的；

（2）残疾达到某个级别以上，或者劳动能力鉴定级别达到某个级别以上；

（3）长期重病、住院、病假到达一定的累积工作日数；

（4）因故丧失了参加合伙事务所必需的资质或某种许可；

（5）被刑事判处长期羁押的刑罚。

2. 什么是"严重违反《合伙协议》约定的义务"

这里面最要紧的是"严重"这个词语怎么来明确。因为每份《合伙协议》约定的义务各不相同，所以这里也无法说明这个"严重"该如何明确。但其实很简单，就是把约定义务中的标准、结果等要求用一种客观化的标准来描述，比如造成"严重损失"就明确为"造成损失 1 万元以上视为严重损失"。客观化的标准，就是任何人都不会有不同解释的标准。

3. 什么是"执行合伙事务时有不正当行为"

"执行合伙事务时有不正当行为"，可以从两个方面去理解：一是违法；二是违反商业道德。例如，商业受贿就是违法，同时担任竞争性同行的高管就是违反商业道德。在这个条款的细化方面我们建议要仔细地展开一下，把合伙人的红线要画得明确一些。红线画得明确了，反而不太容易犯错，也就会减少发生不正当行为的概率。

退出机制中，特别容易引起矛盾激化的有两点：一是强制退伙的操作；二是退伙结算的机制。

假如说退出机制中的各种方式是规避合伙中终极矛盾的武器，那么"强制退伙"就是终极武器。所以，强制退伙一定要慎重设定和使用。即使在《合伙协议》中有了约定，当发生类似情形时仍要视情况灵活而务实地去操作。我们经常提醒客户，在执行可以单方面对另一方采取行动的条款时，务必尝试一下有没有协商解决的可能性，因为我们做企业的主要目的不是为了要惩罚某个合伙人，而是要让事业发展，假如能够协商退伙，既达到了让这个不合适的合伙人走掉的目的，又可以减少纠缠的时间和精力，还能够给对方留一个脸面，少个敌人，一举三得的事情，有什么理由不去尝试呢？

强制退伙操作的另一个要点是证据要收集完整，要说明合伙人执行合伙事务时有不正当的行为，不能仅仅凭某个第三方的几句话，更不能仅仅凭猜测，要有确实的证据，最好在某种程度上取得其本人的亲自承认或确认。假如证据不充分，而拟被强制退伙的合伙人对此又强烈否认的话，实施强制退伙就很可能引起矛盾的激化和升级。

为了避免"强制退伙"这个词语强烈的否定意味，某些强制退伙的情形可以用"合伙协议约定的退伙事由发生时自然退伙"这样的表述。

退出机制还要考虑结算问题。无论是什么原因退出，都避不开结算的事情。合伙情况下，假如事先没有约定，那么退出时的结算应当以合伙财产总额为计算基数按人头平摊来结算。但是，合伙财产很难评估准确，无形资产、升值潜力本身就很难评估，再加入合伙时的各种约定，要结算得清清楚楚，让大家都觉得公平合理，不太可能做到。所以，我们建议，退出时的结算方式无论对谁都是一模一样和平等的，这样可以减少矛盾和提高效率。

最后，我们说一下"转让退伙"这种退出方式。在公司制下，股东要退出，通常只能是将手中的公司股权转让别人。在合伙制下，有关合伙财产份额转让怎样操作，还是要看《合伙协议》的具体约定是怎样的，按《合伙协议》约定来操作。只有在《合伙协议》没有特别约定的时候，才适用下列《合伙企业法》的参考规定：

（1）普通合伙人向普通合伙人以外的人转让其在合伙企业中的全部或者部分财产份额时，必须经其他普通合伙人一致同意。

（2）普通合伙人之间转让在合伙企业中的全部或者部分财产份额时，应当通知其他普通合伙人。

（3）合伙人向合伙人以外的人转让其在合伙企业中的财产份额的，在同等条件下，其他合伙人有优先购买权。

（4）合伙人以外的人依法受让合伙人在合伙企业中的财产份额的，经修改《合伙协议》即成为合伙企业的合伙人，依照本法和修改后的《合伙协议》享有权利，履行义务。

（5）有限合伙人可以按照《合伙协议》的约定向合伙人以外的人转让其在有限合伙企业中的财产份额，但应当提前三十日通知其他合伙人。

为了保证合伙企业必要的稳定性，我们建议在这方面要做一些具体的约定，而不要直接使用《合伙企业法》的条款。原因在于，假如允许合伙人随意向外转让合伙财产份额，也就意味着其他合伙人会面临一种两难困境：或者要允许一个不熟悉的人进入企业成为合伙人，或者不得不出资来购买拟出让的合伙财产份额。所以，我们会建议在这方面增加一些限制性的条件，至少要让普通合伙人的小团队保持稳定性。同样的道理，关于合伙人死亡后，继承人是否能承继合伙人的身份进入合伙企业，也最好在合伙之初就认真商议，确定后写入《合伙协议》内。

一个全面、细致的退出机制，等于是给未来作了一个底线式的预案。特别是在一名合伙人明显出现了恶意行为时，假如证据确实无异议的就可以强制退伙，假如证据不够确实还可以协商退伙、通过受让他的合伙财产份额让他退出，这样可以把对合伙事务的负面影响降到最低。有限合伙人出让财产份额的行为可以不用太关注，因为有限合伙人本身没有法定的管理权，所以一个有限合伙人把自己的合伙财产份额转让给一个陌生人，这个陌生人成为新的有限合伙人，对合伙事务的执行是没有什么实质性的影响的，需要特别关注的是普通合伙人的退出机制问题。

现实中，有些合伙人，包括一些有限合伙人，会要求普通合伙人回购他们手里的合伙财产份额，他们把这称为"退出机制"，这是不对的，也是不合理的。其他普通合伙人享有的仅仅是优先购买权，是权利，不是义务。

我们希望所有的企业都要重视退出机制的研究和设计，不仅仅是合伙企业，公司制的企业也同样存在这个提升的空间。所谓以退为进，就是不知退就不知进。

第四节　不要考验人性：防止关联交易

当你发现你的合伙人在用他亲戚的公司和合伙企业在做交易，假如你发现他在交易对象那里似乎有股份，或者你听说合伙人的太太在合作商那里上班，你会是什么感觉？正常人都会隐隐地感觉心里不舒服，只要出现一些负面的状况，就很容易联想到这种特别的关系上面去，会想这里面很可能有什么猫腻。

中国话里有个词语叫"避嫌"，就是当你因某种原因在某个行为里容易引起别人怀疑的时候，你最好避开这类行为。这个情况中西方都是差不多的，从西方援引的法庭制度里就有"法官回避"的规定。办企业也是这样的，大家一起合伙做事业，就尽量不要有那些很可能引起其他合伙人怀疑的行为，特别是关联交易。关联交易的管理，也是合伙企业一个比较重要的制度性事务。

关联交易的管理有两个主要目标：一是禁止不公平的关联交易；二是控制和减少关联交易。

不公平的关联交易，可以有很多不同的表现形式，例如，用企业为自己和自己的关联方提供担保，随意借用企业的资金，用非市场的价格与关联方做交易等，其实质是：非公允的交易价格，损害企业整体利益或意愿，直接或间接地侵吞了企业的利润。利用自己的职务便利，通过非正常价格的交易，损了企业，肥了自己或关联方。

我国对上市企业的关联交易都有管理制度，至少在表面上都会要求上市企业有一份制度文件，因为这是上市规范要求，没有这个制度文件将会直接影响其能否上市，但是不是真正在实际中落实执行就不得而知了。在非上市企业里，较少见到有企业特意制订这方面的管理制度。在初创企业里，几乎看不到在初创阶段有人会去考虑这方面的问题。我们通过长期的观察，也直接或间接地了解到企业家们的想法：关联交易的管理，似乎与企业的生存与发展联系并不紧密，所以就没有制订规则的紧迫性。我们认为，这就是企业经营思想方面需要相应提升的一个方面，尤其是合伙制下更要加深对这类规则制订及其重要性的认识。

合伙制能不能顺利地运行，基础在于这个合伙团队内部的关系必须长期地、稳定地处在一种合理、良好的状态下。假如合伙团队内部发生了严重问题，那么企业的生存和发展就会有根本性的风险。因此，凡是有利于合伙人之间关系顺畅的制度，凡是防止合伙人产生违法或不道德行为的制度，都是合伙制运行的基础性的重要制度，不仅不应当去忽视或摆在次要地位，反而应当提到最重要和最紧迫的工作日程上去。

我们有一个观点，能够成为合伙人是需要缘分的，基本上都是有较深交情的朋友或者伙伴，所以一定要珍惜这段缘分，而珍惜缘分的核心方法就是建立有效的机制，减少人性中恶的一面生长的机会。合伙之初，你好我也好，但如果不未雨绸缪去制订各类内部规则，仅仅依靠单纯的信任，那就等于是放弃了这方面的互相监督。权力不受监督会有怎样的结果，这是人人都知道的，那些最后把合伙人之间的关系搞得鸡飞狗跳、仇人相见似的结局的合伙人也都知道这个道理，但是他们依然没有去做好这方面的功课。设立合伙人之间关系的规则，包括《合伙协议》的明细、各种内部制度，为的是保持良好的合伙关系，因此不要将制度变成空白，不要去考验人性。

我曾经看过一个视频节目，就是一位节目主持人假装富人，开着豪车去接触一名男士的女朋友，然后直接约会这位女士，结果呢，交谈了不到5分钟就约成了，然后男士出现，双方闹翻、彻底分手，男士后悔了。这就是考验人性的后果。不得不说这种行为是极其幼稚的。合伙也是一样，没有有效的制度约束，等于是彼此给了可以放纵、不受约束的空间，这才是害人害己。

关联交易的管理制度，核心内容就是八个字：披露、回避、评估、限制，如图4-4所示。

1. 披露

透明是监督的前提。阳光下，不当行为会自然减少。合伙人之间就关联交易应有足够的透明度，使大家能够互相进行监督。在制度上要明确哪些事

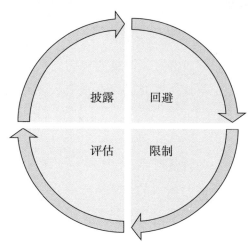

图 4 – 4　关联交易的管理制度示意

项必须披露，哪些无须披露；哪些关联交易要经过合伙人会议的批准，哪些又无须批准；在立法上应明确关联交易哪些必须披露，哪些无须披露，哪些须经股东大会批准，哪些无须经批准；违反披露义务的处罚是怎样的。

披露的内容具体包括与关联方关系的性质、交易类型及其交易要素，这些要素一般包括：①交易金额或相应比例；②未结算项目的金额或相应比例；③定价政策是否公允的评估依据。

说到这里，我们来谈谈什么是关联交易。如果从正式的概念来看会非常复杂，因为各部门制订的法规政策是从不同的角度、用不同的语言结构，从而有多种解释。在《公司法》《企业会计准则》中，以及上交所、深交所等对此都有不同的定义。这里我们提供一个可以快速掌握的思路：判断是不是关联交易，第一看人，第二看事，就是这么简单。所谓看人，就是凡是与关联方发生的交易都是关联交易。所谓看事，就是凡是存在转移资源或义务的行为都是关联交易。

我们要强调一下，这里讨论的关联交易管理，和拟上市企业制订关联交易管理制度是有所不同的。那些正在准备上市的企业制订关联交易管理制度，最大的动力往往在于上市审批必须具备此项条件，而不是这些企业认识到了关联交易管理本身的价值所在。而我们在这里讨论制订关联交易管理制度与上不上市没有关系，我们的目的是把合伙人之间的关系厘清。

2. **回避**

回避的概念非常简单，就是在议事规则里明确某些需要合伙人共同表决的关联交易事项，并规定与此关联交易存在直接利害关系的合伙人不得就该决议事项行使表决权。

3. **评估**

评估就是对关联交易的价格是否公允要有一个评估接受前置流程。例如，合伙企业采购物品，从一名合伙人的亲戚所开的公司进货，那么就有必要评估一下货物的品质标准和价格是否为一种公平的市场价格水平。评估，通常也不需要专业的中介机构介入，但必须提供一种自我审查、分析、比较的前置制度，并且在决定交易之前通报给所有的合伙人。

评估的定价原则可以参考以下方式来确定：

（1）交易事项实行政府定价的，可以直接适用该价格。

（2）交易事项实行政府指导价的，可以在政府指导价的范围内合理确定交易价格。

（3）除实行政府定价或政府指导价外，交易事项有可比较的独立第三方市场价格或收费标准的，可以优先参考该价格或标准确定交易价格。

（4）关联事项无可比较的独立第三方市场价格的，交易定价可以参考关联方与独立于关联方的第三方发生非关联交易的价格确定。

（5）既无独立第三方的市场价格，也无独立的非关联交易价格可供参考的，可以合理地构成价格作为定价的依据，构成价格为合理成本费用加合理利润。

定价计算可以采取以下几种方式来操作：

（1）成本加成法。以关联交易发生的合理成本加上可比非关联交易的毛利定价。适用于采购、销售、有形资产的转让和使用、劳务提供、资金融通等关联交易。

（2）再销售价格法。以关联方购进商品再销售给非关联方的价格减去可比非关联交易毛利后的金额作为关联方购进商品的公平成交价格。适用于再销售者未对商品进行改变外形、性能、结构或更换商标等实质性增值加工的简单加工或单纯的购销业务。

（3）可比非受控价格法。以非关联方之间进行的与关联交易相同或类似业务活动所收取的价格定价。适用于所有类型的关联交易。

（4）交易净利润法。以可比非关联交易的利润水平指标确定关联交易的净利润。适用于采购、销售、有形资产的转让和使用、劳务提供等关联交易。

（5）利润分割法。根据上市公司与其关联方对关联交易合并利润的贡献计算各自应该分配的利润额。适用于各参与方关联交易高度整合且难以单独评估各方交易结果的情况。

事实上，这样的评估仍然不能完全解决问题。试想一下，即使这个价格与市场上的价格完全持平，那么得到这个交易机会仍然是一种利益，免不了这其中有徇私的成分。而一旦某个合伙人存在徇私的嫌疑并且没有得到充分沟通而消解矛盾的话，那么整个合伙关系就会慢慢开始出现裂缝，有的合伙人会效法，有的合伙人会慢慢降低对你的信任。所以，我们建议要重视下一个核心要点。

4. 限制

根据我们的经验，关联交易的最佳策略是尽量回避产生关联交易，只有在不得不发生关联交易时才去实行披露、回避、评估的规则。所谓"君子不立危墙之下"，远离那些可能危害合伙关系的行为或情形，才是上上策。我们前面也说了，价格再公允，关联交易总是无法避免在合伙关系中产生不良的影响。例如，合伙企业和某合伙人的关联方进行交易，谁来管理、谁来负责风控，一旦出了问题谁负责来追究？这都会是非常敏感的问题。关联交易中，出现一般的违约事项时要扣除交易款，你是扣还是不扣？你的亲戚严重违约了，是不是最终要起诉他？所有的合伙人都会纠结地看着你。或许你的合伙人们对此一言不发，但是心结一定是难免会有的，因为你把合伙关系置于了你的关联关系之下。

通常我们建议，关联交易限制和管理的问题应当在《合伙协议》的起草过程中就充分沟通确定好，不要等到即将发生关联交易或者已经发生关联交易时才去制订规则，因为到那种时候制订规则很容易被理解为针对具体的某个合伙人所采取的措施，这是令人不快的方式。

最后，我们将常见的可能涉及合伙关系管理的关联方以及关联交易的类型罗列出来，以便大家在制订规则进行讨论和分析时有的放矢。

（1）合伙企业中的关联方通常是指哪些：

①合伙人、合伙企业的高管本身就是合伙企业的关联方；

②合伙人直接或者间接控制的其他企业或组织；

③合伙企业高管直接或者间接控制的其他企业或组织；

④与合伙人或者合伙企业高管存在密切关系的人、企业或组织。

（2）合伙企业中的关联交易通常是指哪类交易：

①购买或者出售资产；

②对外投资（含委托理财、委托贷款等）；

③提供财务资助；

④提供担保；

⑤租入或者租出资产；

⑥委托或者受托管理资产和业务；

⑦赠予或者受赠资产；

⑧债权、债务重组；

⑨签订许可使用协议；

⑩转让或者受让研究与开发项目；

⑪购买原材料、燃料、动力；

⑫销售产品、商品；

⑬提供或者接受劳务；

⑭委托或者受托销售；

⑮在关联人的财务公司存贷款；

⑯与关联人共同投资。

⑰根据实质重于形式原则认定的其他通过约定可能引致资源或者义务转移的事项，包括向与关联人共同投资的公司提供大于其股权比例或投资比例的财务资助、担保以及放弃向与关联人共同投资的公司同比例增资或优先受让权等。

第五章

合伙运用：弄懂常见的合伙运用

第一节　怎样运用合伙进行股权激励

一、什么是激励

股权激励流行起来以后，有一种不太合理的倾向，就是企业家会在考虑员工激励的时候下意识地联想到股权激励。股权激励是一个组合词语，是由"股权"和"激励"两个词语组成的。请问，在这两个词语里，哪个是主体，哪个是重点？这是我们在咨询服务中经常向企业家提出的问题。很显然，在这个组合词里，"激励"才是主体，"股权"只是实现"激励"的一种工具或手段。股权未必要拿来作激励，激励也未必要涉及股权。这个道理其实一点就透。

因此，在你打算入手进行股权激励之前，一定要先抛开"股权"的因素，先问自己一个问题，什么是"激励"，即对自己企业员工的激励体系是由哪些方面构成的。

我们理解的"激励"，一句话归纳，就是"基本保障之外的有效刺激和驱动"。

所谓基本保障，就是给予员工的薪酬福利达到一个行业平均水平之上，员工的薪酬与其工作强度和难度基本匹配，员工对于薪酬水平没有普遍性的不满。员工在持有基本保障的情况下，公司领导层对员工的合理期望值应当是员工可以"被动式地、较好地完成交办的工作"。在这个基础之上，要想让员工产生额外的积极性和动力，就需要一些基本保障之外的有效刺激手段了，这就是激励。

哪些方式可以形成一种有效的激励呢？选择其实很多。提供一定条件下的额外奖金和提成就是一种常见的方法，这种方法往往还相应配套了扣减薪酬的风险，例如，对于销售人员来说，月销售额在 50 万～100 万元的，没有额外资金，也没有扣减基本薪酬的风险，超过 100 万元的有额外提成奖励，低于 50 万元的扣减一部分薪酬。这种激励方式，只要数额指标制定合理，往往是最有实效的一种方式。另外，高级职位的专项提升也是一种常见的激励方法，例如，用一定期间内的业绩作为标准来确定某个高级职位的人选，也会给相关的员工形成有效的激励。所以说，激励并不是一个新鲜、特别的东西，它本身就是我们企业在经营管理中的常规武器之一。那么，为什么很多人会觉得股权激励很特别呢？这要从互联网高科技型公司的发展说起。

在互联网应用发展初期，一些互联网高科技型公司都会面临一种对赌的局面。因为从事这一行业的创业，失败率是相当高的，经常需要反复试错，一个项目公司关掉，然后又重新投入另一个项目中去。就好像国内美团网的王兴，在美团网这个项目成功之前，其实他已经尝试运行过多个项目公司。在这样高失败率的情况下，职业稳定性方面的风险是很大的，作为一种补偿机制，一些公司尝试在正常薪酬外给予部分重要员工有条件的限制性股权或者是股份期权，目的是在公司上市后给予这些员工资本溢价式的高额回报。通常实行这样制度的目标员工集中于创始期员工以及核心岗位员工。从 20 世纪末到 21 世纪初，这类互联网高科技型公司大量地成功上市，并且在一定时期内受到了资本的狂热追捧，造就了一批持股员工变身富豪的动人故事。于是，这类股权激励的方式开始迅速地成为这个行业的一种经常性使用的经营管理工具，并且这种方式也在其他行业的企业中开始被采用。

但是，很多的企业家在拟实行股权激励制度时忽视了这个制度的有效运行，而制度的有效运行是有一些必要前提的：

（1）要做有条件的限制性股权或者股权期权，公司股权必须有高倍溢价的现实可能性。简单来说，必须已经有明确的上市计划并已开始运作，而且还必须是进入那些可以迅速卖出股份的交易所。目前国内的新三板以及区域性地方股权托管交易所，由于没有像主板那样的股票竞价机制，股份的买卖仅仅依靠协商或做市商操作，交易所内的股份买卖活跃度非常低，也就是说企业手里有股份也很难找到买家。在这样的情况下，这样的股权就起不到什么激励作用，因为无法倍增变现。

（2）要有正常的薪酬福利水平作为基础保障。我们发现有少部分企业，在企业初创期内因为种种原因资金较为紧张，无法支付高端人才所需要的薪酬，但同时又对人才有较高的需求，这时候就试图用股权的形式来弥补这中间的一些落差。就是薪酬比同行业要低，但我补偿一些股权给你。不得不说，这是非常错误的做法，不仅无法起到任何激励效果，事实上由于股份无法变现，日常薪酬的低下依然对吸引高端员工具有负面影响。

（3）要对企业的员工激励制度有一个通盘的设计，要把工资、资金、绩效、职位上升机制都纳入进来综合考虑。判断一下目前企业运行的员工激励制度质量如何、效果如何：假如目前员工激励效果不错，那么也就没必要去启动其他激励方式；假如目前现有员工激励机制不充分，首先要考虑的也不应当是动用股权，而是应当分析传统的激励机制是不是需要改进和完善，资金制度是否合理，提成制度是否可以更合理，绩效考核制度是否在有效运行。用股权来激励员工，一定是锦上添花，绝对不是雪中送炭。而且股权是一种非常宝贵的资源，随意用来作为对普通员工的激励，那真的是对自己企业的不负责任。

当上述这些都考虑成熟了，并决定要动用股权来对一些员工进行激励后，仍然还有一些复杂的情形需要进行决策。

二、什么是股权激励

"股权激励"并不是一个严格意义上的概念，而是一个有点模糊的"集合概念"。很多的激励机制都可以称为"股权激励"，常被提及的就有业绩股票、股票期权、虚拟股票、股票增值权、限制性股票、延期支付、员工持股、管理层收购、账面价值增值权等。这些模式我们在这里并不想展开，但需要理解的是这些模式之间的差异是相当大的，其中的一些模式和法律上说的股权其实并没有真正的关系。

这就好像你进入一家餐馆，告诉服务员你想要吃肉。服务员一定会问你想要吃什么动物的肉，是天上飞的、水里游的，还是其他的。假设你并不清楚想吃什么，那你该怎么办呢？比较合理的方式是向服务员提出你想要的口感、口味、所需要的营养，这样服务员就能根据经验为你推荐合适的选项。所以，我们在进行股权激励设计时，在前期不要把关注重心放在了解各种模式上，而要把重点放在自己的激励机制的实际需求以及要求上来。

三、合伙股权激励四分法：虚、实、远、近（见图5-1）

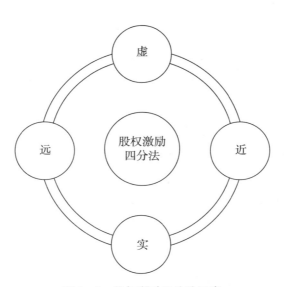

图5-1　股权激励四分法示意

股权激励，从股权的角度来看，大致可以分为虚和实两类。

所谓实，是指最终给到员工的是实实在在的股权，员工真正从法律上变成了公司的股东。现实中，直接不带条件赠予员工股权的做法很罕见。通常，把股权给到员工手里一定是有条件的，或者是业绩条件，或者是在职年限的要求。严格意义上的股权期权也是一种实的股权激励，虽然在到期行权日可以选择不行权，即不按照约定价格购买公司的股权，但这也是一种实际权利的体现。

所谓虚，并不是说是假的，而是说公司给到员工的这种激励，在实质上并不是法律意义上的股权，只是在某些方面可能和股权有一定联系。间接持股就是一种虚的方式，是我们之后要介绍的运用合伙进行股权激励的一种方式，它的特点是员工通过持有投资平台的合伙财产份额而取得了间接持有公司股权收益的权利，但是无权对公司行使任何股东性质的权利，例如没有权利去参加公司股东会，没有权利对公司的经营进行管理。

近几年，在咨询服务过程中，经常有企业家提到华为的股权激励，希望能了解一下具体做法。我们在一些新闻报道里也看到，华为公司相关负责人在大学毕业生的招聘活动中提到，华为不是在招聘员工，而是在招合伙人（大意如此）。华为早在 2001 年左右就开始大规模地进行股权激励制度的建设。但按我们的"四分法"，华为的这种股权激励模式仍然是"虚"的，因为华为的股权激励模式虽然复杂，但其核心就是"虚拟股权"。2001 年 7 月，华为公司推出的股票期权计划就叫作《华为技术有限公司虚拟股票期权计划暂行管理办法》。所谓"虚拟股票期权"，就是法律上不会承认你享有股东资格。华为公司的虚拟股权制度，事实上是一种绩效计算及管理制度，只不过把员工的收入与公司的利润增减尽量地联系起来。华为曾经碰到一件诉讼，有离职员工起诉华为，要求离职时公司按每股净资产价格回购股权，而不是按购入时的每股 1 元价格回购。最终，深圳市中级人民法院和广东省高级人民法院都判决员工败诉，理由是员工获得的激励股权未经工商登记，员工不是法律意义上的股东；离职程序只能按照员工与公司签订的合同处理。

所谓远,是指在未来某个时间点才授予股权,通常是要求员工作出一定的业绩或满足一定的连续工作年限。

所谓近,是指当下就给予股权,但是附带股权收回的条件,当发生约定的情况(通常是负面的情况)时股权就无偿或以象征性的价格被大股东收购回去。

远、近两种方式本身没有优劣之分,关键是怎么运用。

四、运用合伙进行间接持股的常见方式介绍

方式一:设立一家有限合伙企业,并且持有一定数量的公司股权,成为公司的股东。

方式二:有限合伙企业的普通合伙人由公司控制股东担任或掌控。参与激励的员工成为这家有限合伙企业的有限合伙人,具体出资价格可根据情况而定,可以由公司股东无偿赠予员工,也可由员工实际出资进入。我们建议员工以实际出资为宜,因为完全无偿,会大大减轻激励的效果。

方式三:员工在入伙时,应与普通合伙人签署详细的入伙协议,明确约定利益分配、入伙、退伙等重要事项,这实际上就是激励机制的具体内容,是间接持股的重中之重。

方式四:锁定期限的确定。所谓锁定是指约定在一定时期内不得转让自己所持有的合伙财产份额,这对于员工间接持股机制是一种必要的约定。否则的话,员工就可以自由将手里的份额按照《合伙企业法》的规定转让出去,那么员工间接持股的意义就不大了。

方式五:间接持股收益的取得和分配。间接持股的收益来自公司股权的收益。有限合伙企业作为公司的股东之一,依法享有分红权以及股权增值收益权。有限合伙企业在实际取得这些收益后,有限合伙人就可以根据各自的出资数额来分配有限合伙企业的这部分收益。在锁定期限过后,普通合伙人可以与作为有限合伙人的员工对退出机制进行约定,间接持股的员工可以有两种途径选择退出,一种是直接将合伙财产份额转让给别人,另一种方式是

将有限合伙企业对应持有的公司股权部分转让给别人。后一种方式我们叫作"间接退出"。

第二节　怎样运用合伙搭建投资平台

融资，是企业在经营和发展中经常容易头疼的一件事情。特别是对于民营中小企业而言，往往得不到以银行为代表的金融机构在政策方面充足的支撑，而且其他有效的集中融资渠道也不多。其实，寻找有效项目的资金并不是那么困难，这几年比较红火的是 P2P（对等网络技术）、股权众筹等业务，我们可以看见社会公众手里的游散资金量是可观的，都在为这些资金寻找着合适的投资机会。近年来我们操作的实际案例也证明，企业小规模的资金需求问题并不是太难解决，只要项目本身有较高的盈利性，资金进入退出机制合适，就能吸引和利用社会资金。其中，运用合伙搭建投资平台来实现融资的方式较为多见。

这种方式的操作流程大致可分为两类：转让模式和增资模式，如图 5－2 所示。

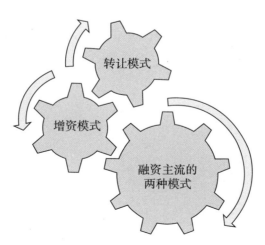

图 5－2　合伙融资的两种主要模式

一、转让模式和增资模式

1. 转让模式

（1）在公司之外另行设立一家有限合伙企业，公司实际控制人担任这家合伙企业的普通合伙人，成为这家有限合伙企业的实际控制人。

（2）有限合伙企业受让公司的部分股权，成为公司的股东之一。

（3）让有意向的公司投资人以有限合伙人的身份投资入伙这家有限合伙企业，但入伙的方式是受让普通合伙人所持有的合伙财产份额的方式。

（4）在《入伙协议》中，明确约定所间接持有的公司股权的收益数额或比例。

2. 增资模式

（1）在公司之外另行设立一家有限合伙企业，公司实际控制人担任这家合伙企业的普通合伙人，成为这家有限合伙企业的实际控制人。

（2）让有意向的公司投资人以有限合伙人的身份投资入伙这家有限合伙企业。

（3）在《入伙协议》中，明确约定投资款将由有限合伙企业向公司定向投资，从而使得投资人间接持有公司股权收益的一定数额或比例。

（4）待所有投资集齐后，有限合伙企业以该集齐的投资总额向公司增资入股，成为公司的股东。

二、转让模式和增资模式的区别

虽然结果相同，但是转让模式和增资模式在选择方面各有一些不同的特点。在转让模式下，投资人出资给有限合伙企业前，有限合伙企业已经成为了公司的股东，投资人一旦签订《入伙协议》，间接持股即达成。但是在转让模式下，投资人的出资款项从性质上说是支付给普通合伙人个人的转让合伙企业财产份额的转让款，虽然在协议中可以约定普通合伙人收款后要实缴入合伙企业，但是毕竟钱款的流转多了一个环节，不是很便利。而增资模式则没有这方面的问题，钱款的流向很顺畅，投资人投资进入合伙企业，合伙企业再增资投资进入公司，钱不经过普通合伙人个人。但是增效模式在投资人投资进入合伙企业和合伙企业增资进入公司这两个时间点之间是有一段空档期的，这很可能会增加投资人的不安全感。从我们的操作经验来看，增资模式更值得推荐，因为有限合伙企业最终有多少投资总额进入是有不确定性的，假如合伙企业先入股公司，很可能出现有限合伙企业吸收的投资总额与有限合伙企业对公司的出资额之间的差距，那么之后还要再作调整，会比较烦琐。

三、利用合伙搭建投资平台的优势及用途

利用合伙搭建投资平台这种方式，最大的好处在于防止公司股权被稀释，保证了公司核心股东团队的稳定性。

在这种模式出现之前，假如要接收一笔小额的资金，公司股东通常只有两种选择：一是以借款方式；二是以投资方式。以借款方式进入的，资金成本较高，企业经营的短期压力会加大；以投资方式进入的，意味着出资人成为了公司新的股东，会有相当尴尬的局面产生。假如以投资方式进入的资金量较大，那么持股比例就会较大，原来的股东持股结构就很可能发生重大变化，严重的会影响到控制权的转移，这是很多创始人不愿意接受的。假如以投资方式进入的资金量很小，进入后的持股比例只有1%～2%，那么，一方面出资人没有驱动力来关注公司日常的经营状态，另一方面主要股东必须依法保障这名小额出资人的股东权利，所有的必要程序都不可以漏掉这名小股东。一旦因为某种原因，大股东与这名小股东产生了较为激烈的冲突，这名小股东虽然不能干涉任何决议，但是仍然可以行使很多法定的权利，也就是"虽不能成事，但能败事"，这样的风险，大股东有时事后想想会觉得当初接受那样的投资很不值。

而现在运用合伙搭建投资平台就避免了上述各种尴尬之处。因为是间接持股，所以投资人并没有成为公司的股东。因为是间接持股，所以又不算是

借款。对于公司大股东而言，这是一种比较令人满意的解决方案。

事情总有两面性。公司大股东满意了，就意味着与传统方式相比，投资人所享有的权利和控制度减少了。已经有一些投资平台出现这方面的问题，就是投资人由于其有限合伙人的身份，再加上间接持股的结构，所以在行使知情权方面出现了一些问题，很多参与这类投资平台的投资人发现自己对于最终投资的项目是完全被隔离的，钱投进去了，但是项目的运行就像在一面高墙后面的一团黑洞无从知晓，投资人唯一可行的是对领投人（通常就是普通合伙人之一）的信任。跟投的投资人都假设领投人对项目有足够充分的前期调查以及有持续性的投资后项目管理，但这种假设性的期望往往是不可靠的。如果这样的负面结果不断出现，未来这类运用合伙搭建投资平台的方式会逐渐失去吸引力。因此，未来在运用合伙搭建此类合伙平台的时候，我们建议要特别加强与有限合伙人的关系管理，要特别注重满足有限合伙人对项目的知情权，这样才能够达成"投资情况透明、投资风险自负"这样合理的结果。

运用合伙搭建投资平台，还有一个多项目综合管理协调的工作要做。有人就曾经咨询过我们，是不是每个项目都要设立一家合伙企业作为投资企业？答案是：完全没有必要。由于合伙制的自定义模式，可以在一个合伙企业里设计分项目管理的模式。例如，一家有限合伙企业作为一个投资平台，有 A、B、C 3 个投资项目，以有限合伙企业的名义向投资项目公司入股，张三作为有限合伙人，既可以间接投资 A 项目，也可以分别投资三个项目，而且都是通过向有限合伙企业出资来完成，几乎不需要额外的操作，只需要在《入伙协议》或者《出资协议》里将各个项目的投资额写明确即可。

运用合伙搭建投资平台，还要留意用途。如果是一种投资中介服务类的投资平台，那么必须要申请必要的资质和许可证，否则易涉及非法经营的问题。另外，在吸引投资人方面不可以使用公众式的广告宣传方式，否则也会有非法集资之嫌疑。鉴于这方面的风险控制分析具有一定的专业性，所以我们特别建议在成立运作这类投资平台之前，要向专业的机构或人员进行充分的咨询。本书介绍的是在已知确定项目的情况下搭建一个用于投资项目的平台，而不是先集资再去找项目，这两者是有区别的。我们建议的思路是自己有一个项目或者发现一个很好的项目后召集大家和自己一起进行投资，而不是把大家的钱先聚在一起再去找项目。

四、利用合伙搭建投资平台的关键细节

运用合伙搭建投资平台，需要设立有限合伙企业，需要日常管理合伙企业，需要办理入伙、退伙、结算等规范性的事务。有人会觉得这个操作有些烦琐，我们常常会被问到是不是能用"代持股"的方式来替代，因为代持股通常只要签订一个《代持协议》就可以了。那么代持股权与运用合伙搭建投资平台之间究竟该怎么选呢？这里我们给出一些实际操作的建议供大家参考。

第一，代持股权的方式是一种"带病"的模式，原则上不建议使用。代持股权，就是我们常说的"暗股"，工商登记里没有实际出资人的名字。这里就出现了"名义股东"和"隐名股东"这样复杂的情况。运营公司有一定经验的人都知道，我们国家在法律上对股东的认定是以"登记"为准的。所以，代持股权的方式就造成了一种权利不稳定的状态，而且会出现一堆由此产生的难题。例如，隐名股东突然想成为名义股东怎么办？又比如说，名义股东欠债被法院查封了股权，这时候隐名股东该怎么办？还有，名义股东行使股东权利，未经隐名股东同意处分了股权怎么办？而且这些隐患根本没办法通过协议的方式来减轻。当然了，真的出现了纠纷，还可以上法院打官司解决。可是，我们为什么要选择一种依靠打官司才能解决问题的操作模式呢？

代持股，用资本市场的习惯用语来说就是"出资情况不明确"，是一种被视为不规范的情况。因此，在我们国家，上至主板 A 股，下至新三板、四板，在挂牌时都同样有清理代持股的要求。

第二，假如投资数额很小，投资人数极少，或者投资的是短期项目的，或许可以考虑用代持股的方式。例如，只有两三个朋友要投资，或者说公司只有一个短期项目、吸收人数较少的投资。

曾经有企业家咨询过一个问题，就是如果投资平台不断接受新有限合伙人出资进入，那么是不是要经常性地去工商机关办理变更登记呢？我们知道，在公司制下，公司接受了以增资方式加入的股东，公司的注册资本就会增加，依法就需要向工商机关申请办理注册资本的变更登记，否则新加入股东的出资将无法得到法律上的完全确认。但是，有限合伙企业就不一样，有限合伙企业是没有"注册资本"这个概念的，现在很多地区最新版的合伙企业营业执照上都没有注册资本这个栏目。有限合伙企业接受新有限合伙人，新的有限合伙人向有限合伙企业出资，有限合伙企业不需要去办理"增资变更登记"，因为合伙企业没有这个注册资本制度。当然，对于新合伙人的出资情况，相关规定是要求办理登记的。这也是我们在之前的文中提到的，尽量不要用公司制的那一套制度去理解合伙企业，否则一定会在很多地方把自己搞糊涂。

　　有限合伙人溢价投资的，例如，以10万元向有限合伙企业出资，但约定出资人仅间接持有目标公司相当于5万元的出资额，那么溢价的5万元部分就是留存于有限合伙企业的，原则上最后分配给普通合伙人，这部分内容应当在《合伙协议》或者新合伙人办理入伙时的《入伙协议》中明确约定，以免因为约定不明确造成争议。

　　投资退出的方式，与前一章最后介绍的是一样的，一种是直接退出，另一种是间接退出。直接退出的，即直接将所持有的合伙企业财产份额转让给别人，办理退伙。间接退出的，间接持有的公司股权，由有限合伙企业作为股东转让给他人，他人取得的是目标公司的直接股权，有限合伙企业将收取到的股权转让款支付给有限合伙人，有限合伙人办理退伙。

　　以上，就是运用合伙搭建投资平台的常见套路。需要特别提醒的是，为了避免风险，假如以一家有限合伙企业作为投资平台，强烈建议要在《合伙协议》中明确禁止利用这个投资平台去从事其他的业务，有限合伙企业仅仅从事对外的股权类投资。因为股权类的投资，风险是仅限于出资范围内的，所有投资风险都是固定的。假如这家有限合伙企业同时去从事诸如贸易、服务等经营业务，那么这些业务给企业带来的风险是不确定的，有限合伙人仍然要间接承担这些风险，对于明确投资项目的有限合伙人而言这是不合理的。所以，运用合伙搭建投资平台，投资项目可以多种混合，但一定不能从事投资以外的业务。

第三节 怎样运用合伙升级经营模式

企业的跨越式发展往往是通过不断优化和革新来进行的。优秀的企业家应当时时环顾那些看似已经司空见惯的模式和思路。当你不断地了解合伙的各种运作方法之后，假如你不再简单地把合伙等同于合伙企业，而是把合伙视作一种特殊关系，你将发现它可以帮助你不断打破思维中一面面的墙。

过去几年，合伙制开始流行于中国的房地产行业，主要是运用合伙的原理建立了优化的项目管理方式和薪酬激励机制。万科、碧桂园、龙湖等企业已经在不同层面展开了企业合伙制的尝试，并对公司业绩增长起到了显著的推动作用。

1. 万科的"事业合伙人"

2014 年 3 月初，万科提出"事业合伙人"，先后建立了"公司持股计划"和"项目跟投制度"（见图 5 - 3、图 5 - 4）。"持股计划"是将万科事业合伙人在经济利润奖金账户的全部权益，统一委托给盈安合伙进行资金管理，并使用融资杠杆融得的资金，一起购买万科股票。而"跟投制度"主要针对项目层面，规定了部分管理层必须跟投的机制，激发员工参与项目跟投的积极性。从 2014 年 4 月 1 日到 5 月 25 日，万科对广州南沙区的南方公园项目等 29 个项目进行了跟投。在此基础上，万科又在 2015 年 1 月，于南京浦口 G78 项目和九龙湖 G83 项目率先试点该制度的 2.0 版本。升级版的"项目跟投"实现了进一步的区域放权，让一线人员自建操盘团队，由跟投人投票表决，提升了跟投者的决策权以及员工的积极性。万科"跟投制度"推行至今，公司跟投项目规模持续扩大。据万科 2014 年、2015 年年报显

合伙

示，2014 年全年公司开放跟投项目 47 个，申请跟投达到 9089 人次，到 2015 年，全年累计开放 76 个项目。万科表示，项目"跟投制度"出台后，公司员工在加快项目周转、节约成本、促进销售等多方面越来越体现出合伙人的意识和作用，对提升项目、所在一线公司乃至公司整体经营业绩起到了积极的作用。

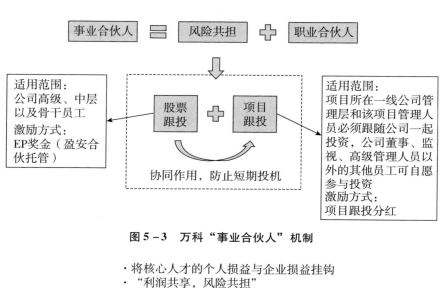

图 5-3 万科"事业合伙人"机制

· 将核心人才的个人损益与企业损益挂钩
· "利润共享，风险共担"

打破核心人才对公司利润的"有限责任"

万科"事业合伙人"机制的核心思想

注意激励与约束的对等和配合

· 万科：项目跟投与股票跟投相结合
· 阿里巴巴：员工获得受限制股份单位后，入职满一年才可以行使期权

注重跨职能协同

· 项目中拆解原有部门职务划分，跨部门协同
· 适应力强、应变性好、反应速度快

图 5-4 万科"事业合伙人"机制的核心思想

可以看到，万科在其"项目跟投"方面就是使用了合伙的原理来操作的。最初的跟投仅限于出资，也就是我们所说的以有限合伙人的身份进入操盘项目的合伙机构中，先将薪酬收入与项目的收益进行挂钩，进而在利益方面将高管和项目捆绑在一起。随后，万科进一步大胆前行，让跟投者开始享有项目的部分决策管理权，这也就是从有限合伙人开始向普通合伙人发展。我们在前面几章里提到过，普通合伙人是企业真正的主人，万科的这一机制就是让相关操盘的高管人员成为了项目公司的主人，这对于管理人员的激励性是相当高的，从简单的利益共享发展到了权利共享。能守住权利的是聪明人，能共享权利而共发展的是大智慧，万科在运用合伙方面堪称有大智慧。

2. 碧桂园的合伙人计划

另一家房产企业碧桂园，在 2012 年就提出的"成就共享"计划（见图 5-5），在 2014 年实行的"同心共享"计划，都在不断尝试新的激励机制。"同心共享"计划，即碧桂园集团和区域管理团队各自设立投资公司，对每个新项目进行不超过 15% 权益的跟投。具体而言，碧桂园投资公司对所有的项目跟投比例为 1%～5%，区域投资公司对自己区域的所有项目最高跟投不超 10%。特别大体量的项目，设最低投资额。总公司各职能部门管理层也需要根据自身职位，按一定比例将自有资金投入投资公司，从而间接跟投所有项目。有数据显示，截至 2016 年年底，碧桂园"同心共享"项目达 583 个，开工 310 个。截至 2016 年年中，开盘项目的预期净利润率约为 12.5%，年化自有资金收益率约为 65%，现金流回正周期缩短至 8.3 个月。

碧桂园"同心共享"计划同样是运用了合伙人制，与万科不同的是在总体设计上更具有系统性和整体性。所有的项目都按照较为确定的原则和方式匹配总公司与区域管理团队之间的跟投比例，甚至将总公司各职能部门也作为合伙人的主体加入了跟投。从每个项目的角度来观察，企业以整体系统的方式加入到每个项目里，和这个项目相关的企业内部主体、职能部门在项目中均有跟投。

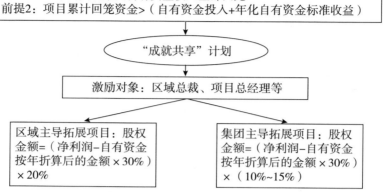

图 5 – 5 碧桂园"成就分享"计划示意

在传统的企业管理理念里，很多企业强调"授权"，即要把工作职责尽量地授予部门及员工去操作。但是"授权"的理念，仍然是建立在一种"集中权力"的管理理念上，即权力的下放，只是一种临时性的委托，权力的所有者仍然是最高层的老板。而合伙理念突破了这种权力架构的思路，它更为强调的是"权力共享"，即员工在一个特定项目或特定的事务中，他的决策权并非来自别人的授权，而是因为合伙人的身份本身而具有的。合伙制下权力的共享，表面看似乎比一人制下的权力要分散，但它因为满足了员工的需求，特别是满足了具有高端能力的员工在权力享有方面的成就感，会极大地激发他们的内在积极性和潜力的发挥，进而为企业创造出比以往更高的效益，让公司在整体上获得升级式的增长，所有人的收益也就随之增长了。大家都知道只有把蛋糕做大，每个人才能分得更多，那么为什么不一起做蛋糕呢？舍，也就是得，过于贪恋权力，在如今这样的时代，必然使得企业发展的格局终归变得有限。

类似地，在 2015 年有一个客户就发展建立各区域经销代理网络的项目向我们咨询，他特别提到了某些有拓展能力的区域合作商愿意在相关区域为公司拓展经销网络，但是提出了希望能够共享总公司发展收益的要求。在分析了他的未来发展计划以及各区域业务发展情况后，我们向他提出了建立一个事业合伙人机制的建议并提供了可落地的操作指南，其原理与前述房地产企业采取的合伙人制度非常类似，即在单独的项目上或者利益共享方面尽可能地运用合伙的原理来操作，可以业绩为对价来换取，也可以出资来作为相应的交换对价，谨慎地开放上升至核心股东层的通道。之后，这位客户在两个地区实行了我们的建议的方案，这两个地区的合作商迅速地凭借自身的成熟资源快速地在其他地区发展和建立了经销网络，并且按约定共享公司一定的分红权益以及未来股权增值权益。

3. 企业内部合伙化

再举一个实例，为在企业的内部搞合伙化的小项目，有一家公司来找我们寻求一个有效的解决方案。这家公司有一个能力较强的技术负责人，公司的技术部门是由他一手建立起来的，部门主要成员也都是因他的关系而招聘的，他负责的部门算是公司内部一个紧密的小团队。公司的大股东非常担忧这种状态所潜伏的风险，担心这个团队在某种情况下会整体性地离开公司从而导致公司的运作进入半瘫痪状态。而公司现在给他的薪酬已经在同行业同等规模的企业里算是比较高的了，继续增加薪酬一方面对员工的刺激不大，因为基数比较高，增加的部分占比不够明显，另一方面这会使公司的工资成本压力过大。当然，我们给出了一些多样化的意见，建议这位大股东能够组合使用这些策略。在这些策略中，我们特别建议他建立一种合伙制的内部组织关系，即与技术团队负责人签署协议，以协议的方式确认技术团队的相对独立性，明确给予技术团队这个部门在管理方面的自治权，相应地配套激励机制，将技术团队的收入水平与公司利益在一定程度上挂钩，一荣俱荣，一损俱损，这就是一种合伙制的关系。当然了，因为《劳动法》的限制，在这个方案中需要特别设计防止违反《劳动法》的规定。传统的企业经营管理中，有部分企业在内部会实行一些短期的部门承包制，就针对部门相关的业绩与部门负责人签订内部承包协议，以承包的方式实现激励性的管理模式。而合伙的原理可以升级这样的方式，让双方的利益更为紧密相关，对高级管理人员以及核心人员的激励更为系统和完整。

企业内部实行合伙制，是我们不断尝试新模式的一项工作。之所以我们建议企业家们考虑这方面的可能性，是因为我们对于未来有一种较为确定的预判，我们认为传统的层级制的、较为固化的企业组织结构将会被颠覆和改变。现在就是一个不断颠覆和让人颠覆的年代，就是一个主动跨界和被别人跨界的年代。世界是平等的，企业组织结构也开始趋向于平等化而非等级制，信息技术的大规模应用以及快速升级改变了传统企业组织结构赖以存在的基础，一个人凭借技术的帮助就可以管理数百人，散落于世界各地从未谋面的人可以因为某个项目而有效地组织起来进行高效的工作。过去用"富养"的方式来吸引人才，现在要用"共享"来组织高端人才。这也是一个人的自由天性不断释放的年代，"90后""00后"对于职业发展的价值观早就与之前年代的人有着显著不同，有人甚至可以因为上班路程耗时超过90分钟就放弃在一家较为优秀的企业任职的机会，并且把这个理由坦然地告诉企业人力资源师，这在"70后"的人身上是几乎不会发生的。对企业家而言，把握这种变化比别人稍快一步就会形成先发优势。在高端人才方面，我们建议一定要摒弃"用人"的理念，升级成"合作、合伙"的理念，不要居高临下，要以平等心待之。未来的竞争越来越取决于人的竞争，你不升级为合伙理念，一定会败于人的竞争。

4. 运用合伙理念升级经营

运用合伙理念升级优化经营管理，过于保守和过于激进都是不可取的做法。在我们通常给出的方案中，都会秉持"一试二修三推"的操作路径。"一试二修三推"，就是先选择一个小的方面试行合伙升级优化，或者先选择一个较小体量的合作者进行试点，并且限定较短的期限或规模，在试行阶段中不断收集、反馈各类信息，在试行结束前分析研究、反馈情况，将原来的方案进行修正，然后再次进行试点，直至反馈的情况基本达到预期的情况再逐步地进行推广。之所以要如此谨慎地操作这类升级优化方案，原因在于运用合伙理念进行升级优化，很多时间会改变双方关系的法律性质，这可能涉及重大的甚至是根本性的改变，这对于双方而言都需要一定的磨合期和适应阶段，本身就不可能迅速完成。

合伙本身是天然带有一定排他性的。你和我合伙了，在同样的行业和领域，原则上你是不可以再和其他人合伙的，可以说是锁定了合作资源。这意味着什么？意味着在合伙运用上，先行者占据的合伙人将被其"垄断"，后面的人在一定时期内就不再可能与这些人进行合伙。所以，在合伙运用的市场竞争依然是非常激烈和残酷的，只要是没和你成为合伙的对象，都可能成为你的潜在竞争对手；越强的人越能和强者合伙，而合伙越强也就越能吸引其他强者加入合伙，这就意味着在合伙上，强者越强，弱者越弱，互联网的超级"马太效应"在这里依然存在，正所谓"数一数二、不三不四"。未来，我们的预测是在具体细分领域内，高端人士将会集中于前两位的合伙组织内，而排名之后的合伙组织的竞争力将远远小于第二位的合伙组织。时不我待，抓紧学合伙、用合伙吧。

第六章

合伙趋势：在未来的合伙时代，企业该如何走

第一节　阿里巴巴合伙人制度的秘密

介绍分析阿里巴巴合伙人制度的文章在网上非常多，许多专业性的分析也非常到位，把这个制度中的一些要点也都道了出来。我们从合伙的角度对此也有自己的一些心得和结论，这些分析结论从未公开发表过，也几乎没有其他人提到过类似的内容，现在我们将这些秘密与大家分享。

我们先从一个很多人都有的一个结论开始谈起。几乎所有的分析人士都一致认为，阿里巴巴设置的内部合伙人制度，其最直接的目的是要确立核心创始人以及高管团队对阿里巴巴决策和管理方面的有效控制。

阿里巴巴合伙人通过掌控董事会成员候选人的提名权，进而间接掌控半数以上的董事会成员的选择，通过掌控董事会进而对公司的决策管理取得较为稳定的控制权。虽然董事最终是由股东大会投票决定的，但是阿里巴巴合伙人制度规定如果阿里巴巴合伙人提名的候选人没有被股东选中，或被选中后因任何原因离开董事会，则阿里巴巴合伙人有权指定临时过渡董事来填补空缺，直到下一届年度股东大会召开。也就是说，股东大会只能在阿里巴巴合伙人推荐的人选中确定董事，不是阿里巴巴提名就不可能成为董事候选人。同时，对于这个董事候选人提名制度，阿里巴巴还在公司章程里设定了极其苛刻的修改条件，想要改变这个董事候选人提名制度，必须在股东大会上得到95%的到场股东或委托投票股东的同意。而阿里巴巴核心创始人马云和蔡崇信合计持有的阿里巴巴股份比例已经超过10%，所以要改变这一制度的可能性在较长的时期内几乎是不存在，如图6-1所示。

表面上，阿里巴巴的合伙人制度，让核心创始人和高管团队对企业有更

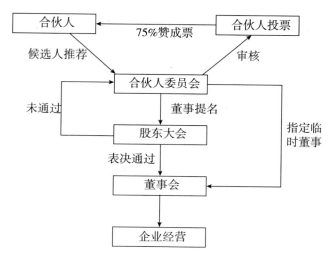

图 6 - 1　阿里巴巴合伙人制度内部机制示意

加长久和稳定的控制权,以投资者的眼光看,是一种同股不同权的制度,而能够接受同股不同权的企业上市的交易所目前可能只有美国的纳斯达克和纽交所。这样的制度香港联交所不认同,国内的证券交易所目前也不接受。

　　本书所有的论述都是基于真正意义上的合伙而展开的,所以,我们认为:阿里巴巴的合伙人制度之下,并不是真正法律意义上的合伙人,不是各主要国家有关合伙的法律中规定的那种合伙人。阿里巴巴的合伙人制度,只是借用了"合伙人"的名称。我们认为,阿里巴巴的合伙人制度,从性质上来说是股东大会给予公司核心创始人以及高管团队的特殊协议。

　　但是,为什么阿里巴巴的核心创始人坚持要实行这样的合伙人制度呢?这个问题我们在所有研究分析阿里巴巴合伙人制度的论述中都没有看到清晰的结论。

　　我们认为,阿里巴巴的合伙人制度,是针对传统公司制缺陷的一种弥补。公司制、股权制在内部权利分配方面最大的特点就是"拿钱说话",出资多的,话语权就多,表决权就大;出资少的,话语权就少,表决权就小。公司制在股东层面,所有的权利来源基本上都是按出资比例来行使的,并不会因为你是创始人就给你更多的表决权,也不会按你对公司的精力投入多少来分配表决权。这种缺陷,企业在没有上市的时候可能不是特别明显,一旦上市,由于股权比例本身的分散以及上市交易机制中的各种外部因素，股权比例的变化往往是公司原股东不能完全控制的。这样的情景，在万科公司与宝能系争斗的最近案例中，即使作为旁观者也能感受到其中的惊心动魄。

2015年12月11日，在对万科股票增持至22.45%之后，宝能系累计持股万科A股23.52%，成功拿下万科第一大股东之位。根据规定，30%是上市公司股东要约收购红线。增持达到30%，即可以发起要约收购，也可以按照每年不超过2%的比例继续自由增持。若宝能系继续增持，万科则面临被收购的可能性。宝能系通过二级市场只不过用了不到半年的时间就成为了万科的第一大股东。之后，作为万科的核心创始人王石以及管理团队均无法接受这样的变化，于是开始了长达2年的明争暗斗，牵扯出方方面面的戏码，情节起伏跌宕、一波三折，到目前为止仍没有完全落幕。在这复杂的纠葛里，我们看到，在公司制的体系下，上市企业的股权结构是非常容易被外来者所改变的，因为有着可以依法自由收购股票的交易场所。虽然从法律上来说宝能系持股并无不当，但是从创始人和高管团队的角度出发，他们担心外来的新的大股东会因为种种原因毁了企业的发展，毁了自己用心血浇灌出来的成果。

假如一家企业已经经营得非常惨淡，这时候有新股东进入，或许是个改变的机会。但是，假如一家企业已经在非常良好地运营，甚至运营得相当成功，这时候有人不请自来地成为了大股东，并且因此享有了对企业经营决策的权力，这对企业原来的大股东而言通常不会是一件好事情。

当然，我们并不是说宝能系是恶意的。但是现实中确有所谓"野蛮人收购"的现象，即迅速收购并控股一家优质企业后，并不是以企业发展为目的，而是以高价退出为目的。这会断送掉一家企业的未来。

所以在这一点上，阿里巴巴的核心创始人确实有相当高的格局和长远的眼光，他们尝试着用合伙人制度去弥补公司制这个缺陷，不让别人仅仅依靠资金量就能取得阿里巴巴的控制权，这样企业能够在较长的时期里一直有着稳定的决策和管理。这样的制度，表面上削弱了投资者手中股票所代表的投票权，但另一方面增强了投资者对阿里巴巴企业发展前景的信心。其实，很早阿里巴巴的核心创始人已经非常清醒地关注到资本进入所带来的控制权问题。最初，软银孙正义想要给予马云的第一笔投资是 3000 万美元，但马云仅仅接受 2000 万美元，因为当时的马云不想因此换算给孙正义太多的股份。

正是因为公司制这个缺陷，所以不仅仅是阿里巴巴设计了额外的机制来弥补这样的缺陷，一大批优秀知名的企业也都在运用不同的机制来避开公司制的这个缺陷，这其中有 Google、Facebook、News Corporation、LinkedIn、Groupon、Zynga、百度、人人、优酷、土豆等。据研究分析，在美国的上市企业中，目前大概有近 6% 的企业采用了我们俗称为 "双层股权结构" 的机制，给予创始人的股权更大的投票权。例如，Google 公司，对外部投资者发行的 A 股有 1 票投票权，管理层持有的 B 股则有 10 票，创始人佩奇和布林在 2010 年前拥有 5770 万 Google 的 B 股，因此得到的投票权有 59%。百度公司 A 股和 B 股之间投票权比例是 1 : 10。

现在，我们将视线从上市企业转移到非上市企业这里。其实，没有上市的公司在很大程度上也存在着类似的问题，公司制的这个缺陷有时候仍然会给其带来巨大的障碍。

2016 年，有客户请我们协助操作一个项目，即 A 公司想要增资入股客户所控股的公司。增资的数额较大，增资后对方持股比例略高于我们的客户。双方合作的意图是 A 公司出钱，我们的客户负责运营管理，因为我们的客户在该经营项目方面有着成熟的经验和团队，而 A 公司在这方面属于外行。这本来是一个很好的合作机会，但是最后在股东会投票规则以及董事会安排等方面产生了问题。表面上，这个问题是由于对方聘请的顾问不熟悉商务合作谈判，把谈判变成了争斗。我们后来了解到对方请的顾问是一名专做诉讼代理业务的律师，他把法庭上的思维习惯带到了商务合作谈判中了。但是，问题深层次的原因仍然是公司制的诸般特点。对方作为出资较多的股东，依照公司制的原理本来就应当享有更多的话语权和表决权，否则它对公司的控制就会出问题，风险就会加大。但是，基于合作的初衷以及合作的目的，却要尽量让我们的客户这一方享有在日常经营管理决策方面的主动权，否则无法充分发挥我们客户一方的作用，合作的效果就会大打折扣。当出现这样的矛盾需求时，假如按照公司制的习惯思维，通常都会坚持在决策和管理上要取得一定的控制权。而在这次的项目谈判中，对方以及对方的顾问就是这样操作的，他们要求派遣的董事人数要大于我们这一方，他们要求所有决策管理的事项全部都要经董事会或股东会的讨论表决。出资者要参与管理，看上去挺符合公司制的、挺合理的。但是外行要参与讨论决定内行的事情合理吗？这和合作的初衷相符吗？

在公司制的体制下，即使是占股比例极小的股东，仍然有参与公司最高决策的法定权利，仍然享有《公司法》所规定的一系列股东权利，包括《公司法》立法中意图保护小股东的一些权利。在这样的情况下，相安无事的时候还好，一旦小股东有强烈意见而得不到满足的时候，就有运用前述各项法定权利的可能性，这样就很容易引起一系列的系统风险，进而影响公司的正常运营，严重的可以直接导致公司运营停摆并最终结束。

公司制本身是无法解决公司制固有的这些缺陷的。怎么办？一小部分优秀的企业已经给我们做出了示范，他们要改变公司制只重资本的理念，他们要重视人的重要性，要平衡人力与资本之间的关系。并且他们的这些改变，得到了相当一部分社会资本的认同和追捧，因为资本后面的人也是有理性的，他们认为这样仍然对自己是合理和有利的。没有核心团队，这些公司就没有价值，所以，让核心团队多掌权，也就等于保证了公司的核心价值不受损害。

为什么合伙制在发达国家如此受到重视，正是因为那里企业对知识、对人的价值的认同更为普遍。有些企业家口口声声说公司发展最重要的资源是人，但是最后仍然依靠资本比例来取得话语权，重视的仍然是资本不是人本身。合伙制本身的特点就是人合，并不因为出资的多少享有等价的话语权，投票权是所有的合伙人（普通合伙人）根据大家的综合投入协商而定的。而有限合伙制更是在标准的合伙制中混合进了单纯的财务投资人，也就是有限合伙人，有限合伙人基于对普通合伙人运营能力的高度认可而投资加入合伙企业，但无权行使合伙事务。这样，有限合伙企业，真正做到了普通合伙人负责运营，有限合伙人无权干涉运营的结构，外行只负责出钱承担有限责任，内行负责管理和执行，同时担负无限责任。

我们在本书之前的篇章中向大家介绍了运用合伙进行股权激励以及搭建

投资平台的一些常见套路。之所以有如此多的上市企业正运用有限合伙企业搭建各种专项平台，从某种角度来说也是为了弥补公司制的缺陷，让各方的关系更为合理一些。

所以，我们可以看到，阿里巴巴的合伙人制度，其背后隐藏的是对公司制缺陷的深刻理解。

阿里巴巴的合伙人制度，我们不建议企业家们去借鉴，其一，它不是真正意义上的合伙；其二，它是依国外法律而定的制度，不一定适合在中国法律体制下使用；其三，它是根据阿里巴巴内部的具体情况而定，其中隐藏的相当多的经营管理需求是我们不得而知的。

但是阿里巴巴的合伙人制度可以清楚地提醒我们，公司制本身存在一些固有的问题，并且这些问题在未来会越来越成为企业发展的某种阻碍，想要升级进化，你就必须学会使用合伙理念去凝聚人的力量。过去，有时你会花大量的时间去寻找融资，现在你更应当花大量的时间去寻找合伙人。要知道，追逐资本的时代马上就要过去了，追逐合伙团队的时代早已来临。

第二节　合伙，未来拼的是人品

合伙，这对一个企业家来说是一种能力。

看懂合伙的基本概念并不难，读完本书基本就得到了。

理解并接受合伙的理念并不难，读完本书后把思维里旧有的墙打破，也就基本能理解其中要点了。

运作合伙并不难，把本书读完也就可以动手实践了。

但是，把合伙品质做到优秀很难，比拼的是人品。

日常经验告诉我们，一个人的品德及素质，我们可以通过观察了解他身边和他亲近的人来得到大致准确的判断。假如一个人的配偶或好友都是素质低下的人，那么一般来说这个人也好不到哪里去。假如一个人的配偶或好友都是文艺爱好者，那么这个人估计也比较善于此。假如一个人的好友众多，那么这个人大概爱交际。假如一个人的好友类型极其丰富，有阳春白雪的，有下里巴人的，性格各异，那么这个人很可能是一个心胸非常宽广并且善于与人分享的人。

在商业领域，我们判断一位企业家的人品如何，也可以类似的方式去观察。假如这位企业家的合伙人是一位能力超强的人，那么这位企业家也一定是位能力极大的人物。假如这位企业家的合伙人都是能力极其平庸的人，那么这位企业家的能力也不会太高。假如这位企业家多年没有合伙人也习惯于没有合伙人，那么这位企业家应当是喜欢或善于独断的人。假如这位企业家有一个合伙人，说明这位企业家会运用合伙；假如有两个合伙人，说明这位企业家有福气；假如有三个合伙人，说明这位企业家的合伙能力超过平均水品；假如有人说曾经有位企业家初创企业时就能协调好十八个合伙人，那这个人一定是马云。

反过来也是如此，你有怎样的人品，你就能吸引有相应特点的人成为你的合伙人。假如你是一位市场营销高手，你很可能会吸引到一位技术高手成为你的合伙人；假如你是外向型和开拓进取的性格，你很可能比较容易找到一个内部管理专家成为你的合伙人；假如你交友层次广泛，那么你选择合伙人的范围就比一般人要大；假如你是心胸宽广、容纳度比较高的人，那么你还可能找到一些所谓"偏才""怪才"成为你的合伙人。总之，你的特点决定你组建合伙团队的人员构成、性格特点、能力素养。

合伙，对企业家而言，也是一场修炼。我们曾经反复强调，在核心合伙人的人数方面，一定不要贪多求快，我们建议人数控制在三个合伙人之内。之所以这样建议，因为按照平均的能力水平来说，两个合伙人之间能够很好地长期相处已经很不容易了，能够妥善处理好三个合伙人之间的关系已经算是高手了；另外，核心合伙人也是极其稀有不易找到的，不仅要靠人品，还要靠缘分。我们常说企业管理，首先是企业家管理自己。何况在核心合伙人团队里，大家都是企业的最高管理者，本身就是较为平等的管理关系，更加要以自我管理以及加强沟通的方式来处理与合伙人之间的关系。我们也发现，有些企业的核心合伙人团队里有一种不良的现象，就是其中的一名占主导地位的合伙人会习惯性地按照管理下级的方式去与其他合伙人进行互动，这其实是破坏合伙关系、违背合伙原则的做法，也是一种双方关系定位错乱的表现。

合伙之前，你是你，我是我。合伙之后，出现了"我们"。假如没有"我"向"我们"转变的觉悟，合伙是做不好的。但是，"我"向"我们"转变，对每一个人而言都不是一件容易的事情。每个人所做的事情，从出发点上来看都是为了自己，但格局是不一样的。我们总结过自私的三重境界：一是只管自己，不管他人；二是与人争抢，只为自己；三是与人合作，共同发展。

合伙理念，就是第三重境界在商业领域的体现。合伙关系的处理难度是高于员工管理的难度的。一个企业家，或许可以做到管理几百个员工而有条不紊，但是未必能做到协调好三个合伙人之间的关系。对此，曾经有人反驳说，他的合伙企业已经有几十个合伙人了。后来大家探讨，他才明白这几十个合伙人都是有限合伙人，算不上真正的合伙人（普通合伙人），更算不上核心团队的合伙人，事实上在他的合伙企业里普通合伙人只有他一人而已。

再进一步说，在很多人还无法突破传统公司制思维的时候，合伙本身就是一种格局和人品优秀的体现。当别人还在执着于一人独大、执着于使用权术驾驭他人时，你能够以合伙的理念向他人让渡企业利润，进而让渡企业决策管理权，与合伙人携手共同发展，这就是一种自我的提升，也就是从"我"真正地上升到了"我们"。举例来说，在管理员工方面，合伙理念就会给你打开一扇崭新的窗户。

企业经营管理花时间最多的就是和人打交道，企业家们在这方面用尽心思。厚厚的一本员工手册以及公司规章制度，其实就是四个字"管理员工"，或是用纪律约束，或是用奖惩指引，或是用流程规范。但是上有政策，下必有对策，员工总能找到制度的漏洞来减轻自己的工作压力。魔高一尺，道高一丈。为了弥补这些漏洞，公司就会完善优化员工手册和规章制度。制度再完善也不可能是完美的，于是这样的循环就会不断进行，管理成本投入越大的公司，公司的规章制度就越多越详尽，到最后因为内容太多了，几乎没有谁会认真看上一遍，这算不算是一种悖论呢？

大概几年前，很多的中小微企业开始对两项制度特别重视，一个是商业秘密保护方面的制度，另一个是竞业禁止方面的制度。这两项制度，过去通常只是大型企业才会去制定和使用的。这两项制度的流行，其背后的原因是企业员工队伍越来越不好带了。如今，在企业内部，稍有能力的业务骨干或技术骨干一旦离开企业，都有相当好的就职机会或可能成为竞争对手，有的是加入其他公司，有的自己开公司，并且在这个过程中他们不可避免地使用原企业的商业秘密或客户资源，因此与原企业产生的这种冲突和纠纷一年比一年多。我们协助处理的事务中，这样的情况并不罕见。面对这样的经营风险，很多企业家开始动脑筋来进行预防和应对，其中加强商业秘密保护制度以及设立竞业禁止制度就是常见的策略。

可是，仅仅通过设立这样一些制度，对于防止这方面的经营风险似乎并没有突出的实际效果。这些制度保障最后依靠的是法院诉讼的手段，而根据司法实践来看，侵犯商业秘密、离职后违反竞业禁止业务是相当棘手的一类诉讼。单单就对方违反约定这个事实拿出确切的证据就要费很大的精力，而且取证难度很大；接着要确证自己的损失的确切数量又是一个法律事务上的难题，因为不是所有的损失都能计算准确的；最后相当多的企业胜诉的案件也都是按照法官"酌定"来确定赔偿额，而这个"酌定赔偿额"几乎都是让企业比较失望的一个数字。被侵犯容易，追究责任困难，这就让这些制度的实际效果大打折扣。

怎么样能够管理好那些离职员工的行为呢，怎么能够防止这些离职员工反戈一击呢？可能很多企业家都会有这样的思考。这并不是一个容易解决的问题，尤其是中小企业没有办法像大企业那样不计成本地去追究离职员工的法律责任。这个难题是需要综合掌握各种手段才能解决的。我们认为，在所有的应对措施中，运用合伙理念是一个很好的解决思路，而且已经有很多企业开始在不同层次地实施了。当然，这并不是说直接把所有的员工都变成真正的合伙人，这不现实，也没有必要。运用合伙理念设计各种新机制，会很大程度改变单纯依靠追究法律责任的以恐吓进行管理的方式，变被动为主动，让员工从被动接受管理向内在积极的自我管理进行转变。

在对待企业员工，特别是高级管理人员、业务技术骨干的管理方面，运用合伙会是一个相当好的选择。从管理的角度来说，合伙是管理理念上的一种升级，传统的层级制管理，强调的是管理下级的行为，而运用合伙建立机制来激励员工，强调的是"管理员工的内在需求"。企业家考虑的是高级管理人员和核心骨干们在想什么、他们要什么，如果能充分地满足他们的追求和要求，那么他们自然而然会积极地自我管理，变被动为主动，因为他们是在追求自己的内心需要，不是在完成别人（老板）的指令。这就是为什么合伙制的尝试给许多行业带来惊人业绩发展的原因所在。在这种情形下，原来还在担心的所谓"员工离职后的恶意竞争"问题自然而然得到了消解。从兵法上来讲，这叫作"围魏救赵"。从格局来讲，这叫作"用发展来解决问题"。

有人或许会问，为什么合伙制能够满足核心高管以及业务技术骨干等员工的内心需求呢？答案其实并不复杂，只是因为过去对于这些人内心的需求，企业家们往往比较忽视或轻视，总觉得用薪水就能满足，把别人看轻了。在我们处理的案例中，包括我们研究过的案例中，那些离职后和原公司竞争的人，原来的薪水和职位都不会太低，相反往往是高管或业务技术骨干，公司也没有明显地亏待他们，但是他们就是坚决地要开创自己能够主导的事业。究其心理，不过是两个需求：一是想要取得老板级别的收益，二是想要有自己的事业。在传统的公司制体制下，这两个需求是不可能得到真正满足的。这两个心理需求过分吗？现如今，这样的心理需求对一名有一定业务能力或经验的人来说是非常正常的，你不能满足他这样的需求，他就会自己创造机会去满足自己的需求。一旦合伙制开始实行，就算是在股权激励机制中成为一名还不算是真正合伙人的有限合伙人，也至少可以开始分享公司利润。而像万科等引领风气的企业那样，让高管在单个项目中成为真正享有决策管理权的合伙人时，上面所说的那两个心理需求已经得到了全部的满足，这些合伙人对企业作恶或者离职打对台的可能性已经大大降低了。

还记得这个故事吗？太阳和风打赌，看谁能最快让行人把身上的衣服脱掉，风对着行人狂吹，行人不仅把衣服捂得更紧，还把包袱里的外衣套上，风挑战失败了。接着太阳出现了，不吵不闹不用狠劲，把暖暖的日光洒在行人的身上，行人热了就把衣服脱了。有时候，那些过于严厉的规章制度就像风一样生硬，而合伙的策略就像是阳光一样让人释怀。

所以说，合伙，拼的首先是格局、思维、心胸，然后才是知识、技巧。在这所有的人品内涵中，最要紧的是懂得在心态上从"我"到"我们"的转变。要成为"我们"，就要提升自己"私欲"的格局，要了解合伙共同发展的奥秘。成为"我们"，不是放弃自我、而是为了找到更好的自我、能够利己又利人的自我，善于与他人紧密合伙的自我。尚不会合伙的，不代表商业人品就一定差；但是合伙能力强大的人，他的人品一定是相当好的。从现在到未来的商业领域内，机遇将会大大垂青合伙之人。

第三节　一手合伙，一手独断

一、未来的企业家需要：一手合伙，一手独断

有人问，适应未来的企业家要具有哪些特点？我们的答案是：一手合伙，一手独断，两手都要硬！

在很多尚不熟悉真正合伙理念的企业家看来，合伙和独断是对立的，合伙和效率是对立的。很多人下意识地认为合伙是缺乏决策效率的，下意识地认为合伙是容易失控的，这都是尚未突破思维局限的表现。

我们在讲座中曾经向听众们提过两个常识性的问题：一是，汽车比走路危险得多，也更难控制，为什么要去考驾照？二是，电脑应用的学习也需要花很多时间，电脑也容易出故障，为什么不坚持用纸笔？

大部分人的答案肯定是：这些新事物所带来的利益是巨大并且超越传统的，与之相比，那些所谓的不利之处几乎可以忽略不计，而且随着技术的进步，这些不利之处也会越来越小。

假如有朋友说开车很容易失控，那么我们一定会说你要努力提升驾驶技术和经验；假如有朋友说使用电脑做事情很低效，那么我们一定会说你要参加电脑应用培训学会如何高效使用电脑。合伙也是一样的。假如你觉得合伙缺乏决策效率，假如你觉得合伙容易失控，那么你需要学习的是如何用对、用好合伙，而不是放弃合伙。

过去，个人电脑时代刚来临的时候，电脑性能是很差的，用今天的眼光来看使用体验很差。但就在那样的年代，有一批人毫不犹豫地投入这个领域的学习和运作中，这些人在竞争中取得了未来的优势。20世纪90年代前后，当时很少有人认为国内自己能够或者有必要去开发中文编辑软件，很多人认为使用国外的软件就行了。金山软件的求伯君，当初就是因为发现当时的国外相关软件中的中文编辑功能使用体验不佳，于是经过学习研发，制造出国内第一款流行的中文编辑软件——DOS（磁盘操作系统）版的WPS（文字编辑系统），相信很多20世纪末用电脑工作的人都会对那款软件有所印象。这也成了金山软件公司发展的一个起点。

互联网时代刚来临的时候，那些我们现在仰望的BAT（百度、阿里巴巴、腾讯三大互联网公司）或类似的企业，当初也都是在很多人对互联网观望、怀疑的眼光中开始起步的。最初的新浪不过是一个体育论坛上的新闻集合页，最初的腾讯只是一个点对点的聊天软件。一直等到这些企业遇到互联网创业浪潮纷纷在境外上市后，很多人才感受到了互联网的潜力。记得曾经很多的传统媒体一直认为自己比互联网媒体有优势，它们没有抓住时机及时学习和进入互联网，现在可以看到结果如何了。

合伙时代早已经悄悄来临，许多优秀的企业早就开始以不同的方式在尝试合伙以及运用合伙，这其中所蕴含的格局、远见、智慧、创新都是过去传统公司制架构里所没有的。因此，现在根本不是去怀疑、观望的时候，而是应当立即抓紧时间去学习和运用的时候了，因为已经有那么多先行者在成功运用合伙了。

互联网业曾经给我们贡献过一个词语"先发优势"，是说在某个领域、某个技术方面第一个开始运作的企业，往往可以取得对其他同行业企业的相对竞争优势，并且随着时间的延长，这种竞争优势会不断加大，这就是先发优势。我们认为，先发优势，更重要的是体现在经营思想和理念上。这个时代，谁会合伙，谁运用合伙更有智慧和能力，谁就能够先人一步在某个行业或领域内产生巨大的先发优势。因为合伙，是人合，人合的背后是资源和智慧的联合。在某个领域或行业中善于合伙，就意味着成为这个领域或行业中的"人才黑洞"，这个领域所有优秀的人才、资源都会被它首先吸引过去，而其他的竞争同行在最基础的人才竞争方面就会遇到巨大的障碍，合伙的这种先发优势的能量是远远超过仅仅在某个行业首先经营而产生的先发优势。

合伙之所以有这么大的吸引力，以致可以成为"人才黑洞"，是因为合伙是强强联合，是配对式的联合，是一种集体智慧和力量的体现。

曾经在一本书里看到，找合伙人一定不能找那些有决断力的人，而是要找那些能跟随自己意志的人，这本书的作者一定是把合伙和其他关系搞混了。合伙是强与强的联合。什么是强？强的其中一个表现就是有独断力，有独立行动力、承担责任的能力。只有强强联合的合伙才是强力型的合伙。用本书中的比喻来说，每个合伙人都应当是一台功能完备，能够自主高速运算的服务器，合伙就是这些服务器有机联系起来形成的服务器群；每个合伙人都应当是一位能够单兵作战的高素质的特种兵，合伙就是这些特种兵有机组成的特战小组。所以，要组建优秀合伙的前提，就是要找那些有独断能力的人。

真正的合伙，一定是互相都对合伙企业承担无限连带责任的关系。假如其中一个人没有独断力和独立行动力，所有的决策都是听从于另一个合伙人的意志，那让他承担与另一个合伙人完全相同的责任本身就是不公平的。凡是不公平的关系，是形成不了最佳合力的，也是不能维持长久的。

二、如何设计行之有效的合伙制

每个合伙人都有独断力，不代表每个合伙人对合伙的每件事情都要参与讨论决策。这是一个显而易见的道理。正是因为每个合伙人都很强，都有独断力，所以大家就能够有效地分配和协调合伙事务的各项内容，区分哪些事

合伙

情是需要共同决策的，哪些是需要知晓的，哪些是需要定期检查的，哪些是由某个合伙人独断的，哪些是事前决策，哪些是事后总结的，还可以定期根据合伙事务的执行情况调整工作任务的分配和运作机制。我们要特别提示一点：合伙是由人组成的，但是，合伙是靠制度维系的，没有制度，就没有合伙。

很多企业家做到吸引别人有与自己合伙的意愿并不难，因为凡是多年从事企业经营并有所成的人大多是有一定魅力的。但是很多企业家常常受困于不擅长设计制定合伙制度，也就是明细而科学合理地约定合伙人之间关系的所有规则，因为在长期的一股独大的公司制体制下，很少有实际需求来训练自己这方面的能力。这就像第一次吃大闸蟹的人，选了一只最贵最好的蟹，但却不知道怎么下嘴去品尝它一样。

合伙的制度，是联结所有合伙人的神经系统。没有合伙制度，合伙人之间就是一盘散沙。合伙制度设计不合理，合伙就会突发神经疾病。

以决策效率为例，合伙制度建立中的一个要点是：既要能发挥合伙整合的优势，又能保证合伙对外的决策效率。假如不能整合大家的优势，那么合伙的意义就不大了。假如事事都要经过一定的讨论，那么这生意也是没法与人竞争的。所以，在合伙制度设计中必须根据业务情况、合伙人分工来具体安排，合伙制度的设计从某些角度来看，和合伙企业商业模式的设计是基本重合的，因为所有的事都是合伙人负责去运作的。我们通常建议客户从下面三个层面去设计决策事项：

第一个层面：哪些事项一定要经过共同讨论决策的，把它们单独列出来，然后通过讨论再尽量缩减，最后确定的事项必须是合伙人会议讨论决策后才能实施和执行的，非经合伙人会议决策，任何合伙人都不可以对外进行实质性的运作。

第二个层面：哪些事项必须要由某个合伙人来完全独立决策的，把它们列出来，然后制定相应的事中或事后监督机制即可。

第三个层面：除上述两项事务外，其他事务原则上可由具体负责操作的合伙人来最终单独决策，但是事前应当将情况告知其他合伙人并征询意见。

当然了，上面只是对于决策内容的一个分层建议，具体在制定合伙制度时需要考虑的问题更为灵活和复杂一些，包括决策的机制可以更宽泛，也可以更为细化。所谓更宽泛，例如有的合伙企业将大部分的决策都归由一名合伙人运作，但是加强事前沟通以及事后监督，这就是比较宽的安排。所谓更为细化，例如有的合伙中规定，某些合伙事务可能需要合伙人中的部分人经过讨论商议再作决策，而其他合伙人不参与讨论和决策。

所有的合伙制度一定是要以书面形式，放在《合伙协议》《合伙人会议决议》《内部制度》等有效的文件中。严禁口头约定制度，容易在未来因为记忆差别产生争议。这种情况实在是太常见了。你说我曾经答应如何如何，我说你记错了，当时的话是这样的，于是争执双方互相就变成了"出尔反尔"之徒，心里的刺就扎下了。其实何苦呢？看似书面约定有点儿正式和刻板，但是避免了这未来可能有的冲突，我们说这才叫作"珍惜彼此的缘分"。

合伙影响决策效率，这就是个伪命题。合伙制度合理了，反而能提升决策效率，因为合伙人可以根据自己的长处来分配企业的事务，每个人都在比较擅长的领域去为合伙企业作出决策，这样的决策效率不仅速度高于一人，而且决策质量也高。另外，合伙人之间的无缝合作会从彼此之间征求到许多有利于提升决策效率的信息和建议，决策能力还能得到提升。

三、合伙制新的规则特点

另外，关于合伙与决断之间的关系，还有一个内部管理的特点。在企业内部管理方面，合伙人是一个层次，下面一个层次可能是聘用的经理以及中层管理人员，最后是普通员工。在这几个层次里，合伙人这个层次对其下两个层次的人员来说一定是独断性的，因为这是层级制管理的基本要求。合伙人一定不能给高级管理人员以及普通员工不一致的指示和命令。

合伙人这个集合体，无论是对内部员工而言，还是对合伙企业之外的人来说，都是一个主体，甚至可能外面的人都感觉不到合伙的存在。例如，合伙企业的供应商管理完全由某一个合伙人来负责（我们称为张三），张三一直与供应商联络负责签订合同、履行合同，而在合伙内部规定有一个供应商管理的规则，张三只要在规则范围内都可以独立决策，超出规则的由执行事务合伙人决断，然后还是由张三独立面对供应商去运作，因此供应商从头至尾不接触其他合伙人，而且也没有必要知道其他合伙人的存在，对这位供应商而言他是感受不到合伙存在的。很多企业都是如此，你在外面是很难判断它内部有没有合伙的，除非这家企业上市后将相关信息披露后你才会知道。

合伙规则像水，你想让它成为什么样子，就要设计什么样子的容器去装它。也许在一个合伙中某个合伙人在一年内有独断一切事务的权力，即使是这样，这也是在"合伙基础上的独断"，它的权力来源是合伙人之间的协议，它和一股独大的公司制下的"独断"是不同的，一股独大下的"独断"，权力来源是"自己绝对的出资比例"。在一股独大的公司制下，基于基本的理性判断，小股东是没有很高的积极性向公司无条件贡献智慧和劳力的，所以一股独大的公司制无法最大限度地凝聚和发挥人的智慧与资源，在权力运作方面，只有独断。而在合伙中，不仅能做到强强联合，而且在权力运作方面，集体决策、个人负责制、数人负责制都可以有效实行，共商和独断因事而异，灵活多变。

"天下武功，唯快不破。"一个人的快是有限的，合伙的快是无限的。你要去北京拜见一名潜在客户争取一个项目，你可能要从上海坐飞机去北京，而我有一个合伙人就在北京，或者他和那位客户有较紧密的关系，究竟谁会更快？你为了要购进一大批经营设备而与多家供应商讨价还价，并且研究其产品质量，而我有一个合伙人就是那个设备的业内人士，能直接找到业内最大的厂家谈长期合作并拿到最好的折扣价格，究竟谁会更快？既然如此，快来运用合伙吧。

附录一　合伙常见资料汇总

第一项　普通合伙企业合伙协议（示例）

第一条　为维护合伙企业、合伙人的合法权益，规范合伙企业的组织和行为，根据《中华人民共和国合伙企业法》（以下简称《合伙企业法》）和《中华人民共和国合伙企业登记管理办法》及有关法律、法规规定，经全体合伙人协商一致，制定本协议。

第二条　本合伙企业是全部由普通合伙人组成的普通合伙企业。普通合伙人对合伙企业的债务承担无限连带责任。

第三条　合伙企业名称：_____合伙企业（普通合伙）。

第四条　合伙企业经营场所：_____。

第五条　本合伙企业在_____区市场监督管理局登记注册，企业的经营期限为____年。

第六条　合伙企业的目的：_____。

第七条　本合伙企业的经营范围：_____（以企业登记机关核定的经营范围为准）。

第八条　合伙企业由_____名普通合伙人共同出资设立。

普通合伙人一：_____

家庭地址：_____

以____方式认缴出资____万元，该出资额占本合伙企业出资比例的____%。其中：首期出资____万元，（已/将）于____年____月____日到位；

余额____万元将于____年____月____日到位。

　　普通合伙人二：_____

　　家庭地址：_____

　　以_____方式认缴出资_____万元，该出资额占本合伙企业出资比例的____%。该出资已于____年____月____日前全部到位。

　　普通合伙人三：_____

　　法定住所：_____

　　以____方式认缴出资____万元，该出资额占本合伙企业出资比例的____%。其中：首期出资____万元，（已/将）于____年____月____日到位；余额____万元将于____年____月____日到位。

　　第九条　企业利润分配、亏损分担方式

　　1. 企业的利润和亏损，由合伙人依照出资比例分配和分担。

　　2. 企业每年进行____次利润分配或亏损分担。时间为每年的____月和____月。

　　3. 合伙企业不能清偿到期债务时，全体合伙人对合伙企业承担无限连带责任。

　　第十条　合伙企业事务执行

　　1. 全体合伙人共同委托一名合伙人为企业合伙事务执行人，其他合伙人不再执行合伙企业事务。

　　2. 执行合伙企业事务的合伙人对外代表企业。

　　3. 不参加执行合伙事务的合伙人有权监督执行事务合伙人，检查其执行合伙事务的情况。

　　4. 根据合伙人要求，执行事务合伙人应向其他合伙人报告事务执行情况以及合伙企业的经营状况和财务状况。

　　5. 执行事务合伙人执行合伙企业事务时产生的收益归属合伙企业，所产生的费用和亏损由合伙企业承担。

　　6. 被委托执行合伙事务的合伙人不按照《合伙协议》或者全体合伙人的决定执行事务的，其他合伙人可以决定撤销委托。

7. 合伙人对合伙企业有关事项作出决议，实行合伙人一人一票表决权；除法律、法规、规章和本协议另有规定以外，决议应经全体合伙人过半数表决通过；但下列事项应当经全体合伙人一致同意方可通过。

（1）改变合伙企业名称；

（2）改变合伙企业经营范围、主要经营场所的地点；

（3）处分合伙企业的不动产；

（4）转让或者处分合伙企业的知识产权和其他财产权利；

（5）以合伙企业的名义为他人提供担保；

（6）聘任合伙人以外的人担任合伙企业经营管理人员；

（7）修改《合伙协议》内容。

8. 合伙人不得自营或者同他人合伙经营与本企业有竞争关系的业务，损害本企业利益。除经全体合伙人一致同意以外，合伙人不得同本合伙企业进行交易。

第十一条 合伙人经全体合伙人决定，可以增加或者减少对合伙企业的出资。

第十二条 合伙人的入伙、退伙

有限合伙人入伙、退伙的条件、程序以及相关责任，按照《合伙企业法》第四十三条至第五十四条的有关规定执行。

第十三条 争议解决办法

合伙人履行《合伙协议》发生争议，本着友好协商的原则，由全体合伙人进行协商、协调解决；合伙人不愿通过协商、协调解决或者协商、协调不成的，向仲裁机构申请仲裁，或者直接依照相关法律、法规向人民法院进行起诉。

第十四条 解散与清算

本合伙企业出现《合伙企业法》第八十五条规定的情形之一的，应当解散，由清算人进行清算。

清算人由全体合伙人担任；经全体合伙人过半数同意，可以自合伙企业解散事由出现后十五日内指定一名或者数名合伙人，或者委托第三人担任清算人。

自合伙企业解散事由出现之日起十五日内未确定清算人的,合伙人或者其他利害关系人可以申请人民法院指定清算人。

清算期间,合伙企业存续,不得开展与清算无关的经营活动。

合伙企业财产在支付清算费用和职工工资、社会保险费用、法定补偿金以及缴纳所欠税款、清偿债务后的剩余财产,依照本协议第九条第一款的规定进行分配。

清算结束后,清算人应当编制清算报告,经全体合伙人签字、盖章后,在十五日内向企业登记机关报送清算报告,申请办理合伙企业注销登记。

合伙企业注销后,原普通合伙人对合伙企业存续期间的债务仍应承担无限连带责任。

第十五条　违约责任

合伙人违反本《合伙协议》的,依法承担违约责任,对合伙企业造成财产和名誉损失的,承担赔偿责任。

第十六条　其他事项

1. 本企业的登记事项以本合伙企业的登记机关核定为准。

2. 经全体合伙人协商一致,可以修改或者补充《合伙协议》。

3. 本协议未详尽的,依据《合伙企业法》和相关法律、法规、规章执行。

4. 本协议中的各项条款与法律、法规、规章不符的,以法律、法规、规章的规定为准。

5. 本协议由全体合伙人共同订立,经全体合伙人签名、盖章后生效。

6. 本协议自生效之日起,对合伙企业及合伙人均具有约束力。

7. 本协议原件每名合伙人各持一份,企业留存一份,报本合伙企业的登记机关一份。

全体合伙人签字、盖章:

日期:＿＿＿年＿＿＿月＿＿＿日

第二项　有限合伙企业合伙协议（示例）

第一条　为维护合伙企业、合伙人的合法权益，规范合伙企业的组织和行为，根据《中华人民共和国合伙企业法》（以下简称《合伙企业法》）和《中华人民共和国合伙企业登记管理办法》及有关法律、法规规定，经全体合伙人协商一致，制定本协议。

第二条　本合伙企业是由普通合伙人和有限合伙人共同组成的有限合伙企业。普通合伙人对合伙企业的债务承担无限连带责任，有限合伙人以其认缴的出资额为限对合伙企业债务承担责任。

第三条　合伙企业名称：＿＿＿＿＿＿＿＿＿（有限合伙）。

第四条　合伙企业经营场所：＿＿＿＿＿＿＿＿＿＿。

第五条　本合伙企业在＿＿＿＿＿区市场监督管理局登记注册，企业的经营期限为＿＿年。

第六条　合伙企业的目的：＿＿＿＿＿＿＿＿＿＿。

第七条　本合伙企业的经营范围：＿＿＿＿＿＿＿＿＿＿（以企业登记机关核定的经营范围为准）。

第八条　合伙企业由＿＿名合伙人共同出资设立。其中，普通合伙人＿＿名，有限合伙人＿＿名。

普通合伙人一：＿＿＿＿＿＿＿＿

家庭地址：＿＿＿＿＿＿＿＿＿

以＿＿＿方式认缴出资＿＿＿万元，该出资额占本合伙企业出资比例的＿＿＿％。其中：首期出资＿＿＿万元，（已/将）于＿＿＿年＿＿＿月＿＿＿日到位；余额＿＿＿万元将于＿＿＿年＿＿＿月＿＿＿日到位。

有限合伙人一：＿＿＿＿＿＿＿＿

家庭地址：＿＿＿＿＿＿＿＿＿

以货币方式认缴出资＿＿＿＿＿万元，该出资额占本合伙企业出资比例的____%。该出资（已/将）于____年____月____日全部到位。

有限合伙人二：_____

法定住所：_____

以____方式认缴出资____万元，该出资额占本合伙企业出资比例的____%。其中：首期出资____万元，（已/将）于____年____月____日到位；余额____万元将于____年____月____日到位。

第九条　企业利润分配、亏损分担方式

1. 企业的利润和亏损，由合伙人依照出资比例分配和分担。

2. 企业每年进行____次利润分配或亏损分担。时间为每年的____月和____月。

3. 合伙财产不足清偿合伙债务时，普通合伙人对合伙企业承担连带责任，有限合伙人以其认缴的出资额为限对合伙企业债务承担责任。

第十条　合伙企业事务执行

1. 全体合伙人共同委托一名合伙人为企业合伙事务执行人，其他合伙人不再执行合伙企业事务。

2. 执行合伙企业事务的合伙人对外代表企业。

3. 不参加执行合伙事务的合伙人有权监督执行事务合伙人，检查其执行合伙事务的情况。

4. 根据合伙人要求，执行事务合伙人应向其他合伙人报告事务执行情况以及合伙企业的经营状况和财务状况。

5. 执行事务合伙人执行合伙企业事务时产生的收益归属合伙企业，所产生的费用和亏损由合伙企业承担。

6. 被委托执行合伙事务的合伙人不按照《合伙协议》或者全体合伙人的决定执行事务的，其他合伙人可以决定撤销委托。

7. 合伙人对合伙企业有关事项作出决议，实行合伙人一人一票表决权；除法律、法规、规章和本协议另有规定以外，决议应经全体合伙人过半数表决通过；但下列事项应当经全体合伙人一致同意方可通过：

（1）改变合伙企业名称；

（2）改变合伙企业经营范围、主要经营场所的地点；

（3）处分合伙企业的不动产；

（4）转让或者处分合伙企业的知识产权和其他财产权利；

（5）以合伙企业名义为他人提供担保；

（6）聘任合伙人以外的人担任合伙企业经营管理人员；

（7）修改《合伙协议》内容。

8. 合伙人不得自营或者同他人合伙经营与本企业有竞争关系的业务，损害本企业利益，有限合伙人除外。

9. 有限合伙人未经授权以有限合伙企业名义与他人进行交易，给有限合伙企业或者其他合伙人造成损失的，该有限合伙人承担赔偿责任。

第十一条 执行事务合伙人的条件和选择程序

执行事务合伙人由全体合伙人共同委托产生，并且需要具备以下条件：

1. 充分执行本《合伙协议》；

2. 对全体合伙人负责；

3. 接受全体合伙人委托，对企业的经营负责；

4. 有限合伙人不执行合伙事务。

第十二条 执行事务合伙人权限和违约处理办法

一、执行事务合伙人的权限：执行事务合伙人对外代表企业，对全体合伙人负责：

1. 负责召集合伙人会议，并向合伙人报告工作；

2. 执行全体合伙人的决议；

3. 主持企业的生产经营管理工作，决定企业的经营计划和投资方案；

4. 指定企业的年度财务预算方案、决算方案；

5. 制定企业的基本管理制度，拟订管理机构设置方案；

6. 执行全体合伙人委托的其他职权。

二、违约处理办法：执行事务合伙人因故意或者重大过失造成合伙企业债务的，由执行事务合伙人承担赔偿责任。

第十三条 执行事务合伙人的除名条件和更换程序

被委托执行合伙企业事务的合伙人不按照《合伙协议》或者全体合伙人的决定执行事务的，其他合伙人可以决定撤销委托，对执行事务合伙人除名或予以更换。

第十四条 合伙人的入伙、退伙

有限合伙人入伙、退伙的条件、程序以及相关责任，按照《合伙企业法》第四十三条至第五十四条的有关规定执行。

第十五条 有限合伙人和普通合伙人的相互转变程序

经全体合伙人同意，有限合伙人和普通合伙人可以相互转变。

第十六条 争议解决办法

合伙人履行《合伙协议》发生争议，本着友好协商的原则，由全体合伙人进行协商、协调解决；合伙人不愿通过协商、协调解决或者协商、协调不成的，向仲裁机构申请仲裁，或者直接依照相关法律、法规向人民法院进行起诉。

第十七条 解散与清算

本合伙企业出现《合伙企业法》第八十五条规定的情形之一的，应当解散，由清算人进行清算。

清算人由全体合伙人担任；经全体合伙人过半数同意，可以自合伙企业解散事由出现后十五日内指定一名或者数名合伙人，或者委托第三人担任清算人。

自合伙企业解散事由出现之日起十五日内未确定清算人的，合伙人或者其他利害关系人可以申请人民法院指定清算人。

清算期间，合伙企业存续，不得开展与清算无关的经营活动。

合伙企业财产在支付清算费用和职工工资、社会保险费用、法定补偿金以及缴纳所欠税款、清偿债务后的剩余财产，依照本协议第九条第一款的规定进行分配。

清算结束后，清算人应当编制清算报告，经全体合伙人签字、盖章后，在十五日内向企业登记机关报送清算报告，申请办理合伙企业注销登记。

第十八条 违约责任

合伙人违反本《合伙协议》的，依法承担违约责任，对合伙企业造成财产和名誉损失的，承担赔偿责任。

第十九条 其他事项

1. 本企业的登记事项以本合伙企业的登记机关核定为准。

2. 本协议未详尽的，依据《合伙企业法》和相关法律、法规、规章执行。

3. 本协议中的各项条款与法律、法规、规章不符的，以法律、法规、规章的规定为准。

4. 本协议由全体合伙人共同订立，在企业注册后生效。

5. 本协议自生效之日起，对合伙企业及合伙人均具有约束力。

6. 本协议原件每个合伙人各持一份，企业留存一份，报本合伙企业的登记机关一份。

全体合伙人签字、盖章：

日期：＿＿＿年＿＿＿月＿＿＿日

第三项　入伙协议（示例）

根据《合伙企业法》及本合伙企业《合伙协议》的有关规定，____合伙企业全体合伙人于____年____月____日召开了合伙人会议。会议由全体合伙人参加，经全体合伙人一致通过，作出以下决定：

1. 经全体合伙人一致同意，同意×××入伙、成为____合伙企业的有限合伙人（或：普通合伙人）；……新合伙人需按《合伙协议》履行出资义务。

2. 新合伙人的名称（或者姓名）、出资方式及出资额：

×××，出资方式____，出资额____万元。

……

3. 订立本《入伙协议》时，原合伙人已经向新合伙人如实告知了原合伙企业的经营状况和财务状况。

4. 入伙的新合伙人按《合伙企业法》和修改后的《合伙协议》享有权利、承担责任。

5. 新合伙人是普通合伙人的对入伙前合伙企业的债务承担无限连带责任，新合伙人是有限合伙人的对入伙前合伙企业的债务以其认缴的出资额为限承担责任。

6. 本协议原件合伙人各持一份，并报合伙企业登记机关一份。本协议经新合伙人和原合伙人签字、盖章后生效。

合伙企业（合伙企业盖章）：_____新入伙人签字、盖章：_____
原全体合伙人签字、盖章：_____

日　期：____年____月____日

第四项 合伙企业设立须提交的资料

1. 《合伙企业设立登记申请书》。

2. 全体合伙人的主体资格证明（居民身份证复印件、营业执照副本复印件、事业法人登记证书复印件、社团法人登记证复印件、民办非企业单位证书复印件）。

3. 全体合伙人指定的代表或者共同委托的代理人的委托书。

4. 全体合伙人签署的《合伙协议》。

5. 全体合伙人签署的对各合伙人缴付出资的《确认书》。

6. 主要经营场所证明（合伙企业主要经营场所只能有一个，并且应当在其企业登记机关登记管辖区域内）。

7. 全体合伙人签署的委托执行事务合伙人的《委托书》；执行事务合伙人是法人或其他组织的，还应当提交其委派代表的《委托书》和身份证明复印件。

8. 以非货币形式出资的，提交全体合伙人签署的《协商作价确认书》或者经全体合伙人委托的法定评估机构出具的评估作价证明。

9. 《企业名称预先核准通知书》。

10. 从事法律、行政法规或者国务院决定规定在登记前须经批准的经营项目，须提交有关批准文件。

11. 法律、行政法规规定设立特殊的普通合伙企业需要提交合伙人的职业资格证明的，提交相应证明。

第五项 关于合伙的主要法律法规（部分节选）

《中华人民共和国民法总则》（节选）

第一百零二条 非法人组织是不具有法人资格，但是能够依法以自己的名义从事民事活动的组织。

非法人组织包括个人独资企业、合伙企业、不具有法人资格的专业服务机构等。

《中华人民共和国合伙企业法》

第一章 总则

第一条 为了规范合伙企业的行为，保护合伙企业及其合伙人、债权人的合法权益，维护社会经济秩序，促进社会主义市场经济的发展，制定本法。

第二条 本法所称合伙企业，是指自然人、法人和其他组织依照本法在中国境内设立的普通合伙企业和有限合伙企业。

普通合伙企业由普通合伙人组成，合伙人对合伙企业债务承担无限连带责任。本法对普通合伙人承担责任的形式有特别规定的，从其规定。

有限合伙企业由普通合伙人和有限合伙人组成，普通合伙人对合伙企业债务承担无限连带责任，有限合伙人以其认缴的出资额为限对合伙企业债务承担责任。

第三条 国有独资公司、国有企业、上市公司以及公益性的事业单位、社会团体不得成为普通合伙人。

第四条 合伙协议依法由全体合伙人协商一致、以书面形式订立。

第五条 订立合伙协议、设立合伙企业，应当遵循自愿、平等、公平、诚实信用原则。

第六条 合伙企业的生产经营所得和其他所得，按照国家有关税收规定，由合伙人分别缴纳所得税。

第七条 合伙企业及其合伙人必须遵守法律、行政法规，遵守社会公德、商业道德，承担社会责任。

第八条 合伙企业及其合伙人的合法财产及其权益受法律保护。

第九条 申请设立合伙企业，应当向企业登记机关提交登记申请书、合伙协议书、合伙人身份证明等文件。

合伙企业的经营范围中有属于法律、行政法规规定在登记前须经批准的项目的，该项经营业务应当依法经过批准，并在登记时提交批准文件。

第十条 申请人提交的登记申请材料齐全、符合法定形式，企业登记机关能够当场登记的，应予当场登记，发给营业执照。

除前款规定情形外，企业登记机关应当自受理申请之日起二十日内，作出是否登记的决定。予以登记的，发给营业执照；不予登记的，应当给予书面答复，并说明理由。

第十一条 合伙企业的营业执照签发日期，为合伙企业成立日期。

合伙企业领取营业执照前，合伙人不得以合伙企业名义从事合伙业务。

第十二条 合伙企业设立分支机构，应当向分支机构所在地的企业登记机关申请登记，领取营业执照。

第十三条 合伙企业登记事项发生变更的，执行合伙事务的合伙人应当自作出变更决定或者发生变更事由之日起十五日内，向企业登记机关申请办理变更登记。

第二章 普通合伙企业

第一节 合伙企业设立

第十四条 设立合伙企业，应当具备下列条件：

（一）有两个以上合伙人。合伙人为自然人的，应当具有完全民事行为能力；

（二）有书面合伙协议；

（三）有合伙人认缴或者实际缴付的出资；

（四）有合伙企业的名称和生产经营场所；

（五）法律、行政法规规定的其他条件。

第十五条 合伙企业名称中应当标明"普通合伙"字样。

第十六条 合伙人可以用货币、实物、知识产权、土地使用权或者其他财产权利出资，也可以用劳务出资。

合伙人以实物、知识产权、土地使用权或者其他财产权利出资，需要评估作价的，可以由全体合伙人协商确定，也可以由全体合伙人委托法定评估机构评估。

合伙人以劳务出资的，其评估办法由全体合伙人协商确定，并在合伙协议中载明。

第十七条 合伙人应当按照合伙协议约定的出资方式、数额和缴付期限，履行出资义务。

以非货币财产出资的，依照法律、行政法规的规定，需要办理财产权转移手续的，应当依法办理。

第十八条 合伙协议应当载明下列事项：

（一）合伙企业的名称和主要经营场所的地点；

（二）合伙目的和合伙经营范围；

（三）合伙人的姓名或者名称、住所；

（四）合伙人的出资方式、数额和缴付期限；

（五）利润分配、亏损分担方式；

（六）合伙事务的执行；

（七）入伙与退伙；

（八）争议解决办法；

（九）合伙企业的解散与清算；

（十）违约责任。

第十九条 合伙协议经全体合伙人签名、盖章后生效。合伙人按照合伙协议享有权利，履行义务。

修改或者补充合伙协议，应当经全体合伙人一致同意；但是，合伙协议另有约定的除外。

合伙协议未约定或者约定不明确的事项，由合伙人协商决定；协商不成的，依照本法和其他有关法律、行政法规的规定处理。

第二节　合伙企业财产

第二十条　合伙人的出资、以合伙企业名义取得的收益和依法取得的其他财产，均为合伙企业的财产。

第二十一条　合伙人在合伙企业清算前，不得请求分割合伙企业的财产；但是，本法另有规定的除外。

合伙人在合伙企业清算前私自转移或者处分合伙企业财产的，合伙企业不得以此对抗善意第三人。

第二十二条　除合伙协议另有约定外，合伙人向合伙人以外的人转让其在合伙企业中的全部或者部分财产份额时，须经其他合伙人一致同意。

合伙人之间转让在合伙企业中的全部或者部分财产份额时，应当通知其他合伙人。

第二十三条　合伙人向合伙人以外的人转让其在合伙企业中的财产份额的，在同等条件下，其他合伙人有优先购买权；但是，合伙协议另有约定的除外。

第二十四条　合伙人以外的人依法受让合伙人在合伙企业中的财产份额的，经修改合伙协议即成为合伙企业的合伙人，依照本法和修改后的合伙协议享有权利，履行义务。

第二十五条　合伙人以其在合伙企业中的财产份额出质的，须经其他合伙人一致同意；未经其他合伙人一致同意，其行为无效，由此给善意第三人造成损失的，由行为人依法承担赔偿责任。

第三节　合伙事务执行

第二十六条　合伙人对执行合伙事务享有同等的权利。

按照合伙协议的约定或者经全体合伙人决定，可以委托一个或者数个合伙人对外代表合伙企业，执行合伙事务。

作为合伙人的法人、其他组织执行合伙事务的，由其委派的代表执行。

第二十七条 依照本法第二十六条第二款规定委托一个或者数个合伙人执行合伙事务的，其他合伙人不再执行合伙事务。

不执行合伙事务的合伙人有权监督执行事务合伙人执行合伙事务的情况。

第二十八条 由一个或者数个合伙人执行合伙事务的，执行事务合伙人应当定期向其他合伙人报告事务执行情况以及合伙企业的经营和财务状况，其执行合伙事务所产生的收益归合伙企业，所产生的费用和亏损由合伙企业承担。

合伙人为了解合伙企业的经营状况和财务状况，有权查阅合伙企业会计账簿等财务资料。

第二十九条 合伙人分别执行合伙事务的，执行事务合伙人可以对其他合伙人执行的事务提出异议。提出异议时，应当暂停该项事务的执行。如果发生争议，依照本法第三十条规定作出决定。

受委托执行合伙事务的合伙人不按照合伙协议或者全体合伙人的决定执行事务的，其他合伙人可以决定撤销该委托。

第三十条 合伙人对合伙企业有关事项作出决议，按照合伙协议约定的表决办法办理。合伙协议未约定或者约定不明确的，实行合伙人一人一票并经全体合伙人过半数通过的表决办法。

本法对合伙企业的表决办法另有规定的，从其规定。

第三十一条 除合伙协议另有约定外，合伙企业的下列事项应当经全体合伙人一致同意：

（一）改变合伙企业的名称；

（二）改变合伙企业的经营范围、主要经营场所的地点；

（三）处分合伙企业的不动产；

（四）转让或者处分合伙企业的知识产权和其他财产权利；

（五）以合伙企业名义为他人提供担保；

（六）聘任合伙人以外的人担任合伙企业的经营管理人员。

第三十二条 合伙人不得自营或者同他人合作经营与本合伙企业相竞争的业务。

除合伙协议另有约定或者经全体合伙人一致同意外，合伙人不得同本合伙企业进行交易。

合伙人不得从事损害本合伙企业利益的活动。

第三十三条 合伙企业的利润分配、亏损分担，按照合伙协议的约定办理；合伙协议未约定或者约定不明确的，由合伙人协商决定；协商不成的，由合伙人按照实缴出资比例分配、分担；无法确定出资比例的，由合伙人平均分配、分担。

合伙协议不得约定将全部利润分配给部分合伙人或者由部分合伙人承担全部亏损。

第三十四条 合伙人按照合伙协议的约定或者经全体合伙人决定，可以增加或者减少对合伙企业的出资。

第三十五条 被聘任的合伙企业的经营管理人员应当在合伙企业授权范围内履行职务。

被聘任的合伙企业的经营管理人员，超越合伙企业授权范围履行职务，或者在履行职务过程中因故意或者重大过失给合伙企业造成损失的，依法承担赔偿责任。

第三十六条 合伙企业应当依照法律、行政法规的规定建立企业财务、会计制度。

第四节 合伙企业与第三人关系

第三十七条 合伙企业对合伙人执行合伙事务以及对外代表合伙企业权利的限制，不得对抗善意第三人。

第三十八条 合伙企业对其债务，应先以其全部财产进行清偿。

第三十九条 合伙企业不能清偿到期债务的，合伙人承担无限连带责任。

第四十条 合伙人由于承担无限连带责任，清偿数额超过本法第三十三条第一款规定的其亏损分担比例的，有权向其他合伙人追偿。

第四十一条 合伙人发生与合伙企业无关的债务，相关债权人不得以其债权抵销其对合伙企业的债务；也不得代位行使合伙人在合伙企业中的权利。

第四十二条 合伙人的自有财产不足清偿其与合伙企业无关的债务的，该合伙人可以以其从合伙企业中分取的收益用于清偿；债权人也可以依法请求人民法院强制执行该合伙人在合伙企业中的财产份额用于清偿。

人民法院强制执行合伙人的财产份额时，应当通知全体合伙人，其他合伙人有优先购买权；其他合伙人未购买，又不同意将该财产份额转让给他人的，依照本法第五十一条的规定为该合伙人办理退伙结算，或者办理削减该合伙人相应财产份额的结算。

第五节 入伙、退伙

第四十三条 新合伙人入伙，除合伙协议另有约定外，应当经全体合伙人一致同意，并依法订立书面入伙协议。

订立入伙协议时，原合伙人应当向新合伙人如实告知原合伙企业的经营状况和财务状况。

第四十四条 入伙的新合伙人与原合伙人享有同等权利，承担同等责任。入伙协议另有约定的，从其约定。

新合伙人对入伙前合伙企业的债务承担无限连带责任。

第四十五条 合伙协议约定合伙期限的，在合伙企业存续期间，有下列情形之一的，合伙人可以退伙：

（一）合伙协议约定的退伙事由出现；

（二）经全体合伙人一致同意；

（三）发生合伙人难以继续参加合伙的事由；

（四）其他合伙人严重违反合伙协议约定的义务。

第四十六条 合伙协议未约定合伙期限的，合伙人在不给合伙企业事务执行造成不利影响的情况下，可以退伙，但应当提前三十日通知其他合伙人。

第四十七条 合伙人违反本法第四十五条、第四十六条的规定退伙的，应当赔偿由此给合伙企业造成的损失。

第四十八条　合伙人有下列情形之一的，当然退伙：

（一）作为合伙人的自然人死亡或者被依法宣告死亡；

（二）个人丧失偿债能力；

（三）作为合伙人的法人或者其他组织依法被吊销营业执照、责令关闭撤销，或者被宣告破产；

（四）法律规定或者合伙协议约定合伙人必须具有相关资格而丧失该资格；

（五）合伙人在合伙企业中的全部财产份额被人民法院强制执行。

合伙人被依法认定为无民事行为能力人或者限制民事行为能力人的，经其他合伙人一致同意，可以依法转为有限合伙人，普通合伙企业依法转为有限合伙企业。其他合伙人未能一致同意的，该无民事行为能力或者限制民事行为能力的合伙人退伙。

退伙事由实际发生之日为退伙生效日。

第四十九条　合伙人有下列情形之一的，经其他合伙人一致同意，可以决议将其除名：

（一）未履行出资义务；

（二）因故意或者重大过失给合伙企业造成损失；

（三）执行合伙事务时有不正当行为；

（四）发生合伙协议约定的事由。

对合伙人的除名决议应当书面通知被除名人。被除名人接到除名通知之日，除名生效，被除名人退伙。

被除名人对除名决议有异议的，可以自接到除名通知之日起三十日内，向人民法院起诉。

第五十条　合伙人死亡或者被依法宣告死亡的，对该合伙人在合伙企业中的财产份额享有合法继承权的继承人，按照合伙协议的约定或者经全体合伙人一致同意，从继承开始之日起，取得该合伙企业的合伙人资格。

有下列情形之一的，合伙企业应当向合伙人的继承人退还被继承合伙人的财产份额：

（一）继承人不愿意成为合伙人；

（二）法律规定或者合伙协议约定合伙人必须具有相关资格，而该继承人未取得该资格；

（三）合伙协议约定不能成为合伙人的其他情形。

合伙人的继承人为无民事行为能力人或者限制民事行为能力人的，经全体合伙人一致同意，可以依法成为有限合伙人，普通合伙企业依法转为有限合伙企业。全体合伙人未能一致同意的，合伙企业应当将被继承合伙人的财产份额退还该继承人。

第五十一条 合伙人退伙，其他合伙人应当与该退伙人按照退伙时的合伙企业财产状况进行结算，退还退伙人的财产份额。退伙人对给合伙企业造成的损失负有赔偿责任的，相应扣减其应当赔偿的数额。

退伙时有未了结的合伙企业事务的，待该事务了结后进行结算。

第五十二条 退伙人在合伙企业中财产份额的退还办法，由合伙协议约定或者由全体合伙人决定，可以退还货币，也可以退还实物。

第五十三条 退伙人对基于其退伙前的原因发生的合伙企业债务，承担无限连带责任。

第五十四条 合伙人退伙时，合伙企业财产少于合伙企业债务的，退伙人应当依照本法第三十三条第一款的规定分担亏损。

第六节 特殊的普通合伙企业

第五十五条 以专业知识和专门技能为客户提供有偿服务的专业服务机构，可以设立为特殊的普通合伙企业。

特殊的普通合伙企业是指合伙人依照本法第五十七条的规定承担责任的普通合伙企业。

特殊的普通合伙企业适用本节规定；本节未作规定的，适用本章第一节至第五节的规定。

第五十六条 特殊的普通合伙企业名称中应当标明"特殊普通合伙"字样。

第五十七条　一个合伙人或者数个合伙人在执业活动中因故意或者重大过失造成合伙企业债务的，应当承担无限责任或者无限连带责任，其他合伙人以其在合伙企业中的财产份额为限承担责任。

合伙人在执业活动中非因故意或者重大过失造成的合伙企业债务以及合伙企业的其他债务，由全体合伙人承担无限连带责任。

第五十八条　合伙人执业活动中因故意或者重大过失造成的合伙企业债务，以合伙企业财产对外承担责任后，该合伙人应当按照合伙协议的约定对给合伙企业造成的损失承担赔偿责任。

第五十九条　特殊的普通合伙企业应当建立执业风险基金、办理职业保险。

执业风险基金用于偿付合伙人执业活动造成的债务。执业风险基金应当单独立户管理。具体管理办法由国务院规定。

第三章　有限合伙企业

第六十条　有限合伙企业及其合伙人适用本章规定；本章未作规定的，适用本法第二章第一节至第五节关于普通合伙企业及其合伙人的规定。

第六十一条　有限合伙企业由两个以上五十个以下合伙人设立；但是，法律另有规定的除外。

有限合伙企业至少应当有一个普通合伙人。

第六十二条　有限合伙企业名称中应当标明"有限合伙"字样。

第六十三条　合伙协议除符合本法第十八条的规定外，还应当载明下列事项：

（一）普通合伙人和有限合伙人的姓名或者名称、住所；

（二）执行事务合伙人应具备的条件和选择程序；

（三）执行事务合伙人权限与违约处理办法；

（四）执行事务合伙人的除名条件和更换程序；

（五）有限合伙人入伙、退伙的条件、程序以及相关责任；

（六）有限合伙人和普通合伙人相互转变程序。

第六十四条 有限合伙人可以用货币、实物、知识产权、土地使用权或者其他财产权利作价出资。

有限合伙人不得以劳务出资。

第六十五条 有限合伙人应当按照合伙协议的约定按期足额缴纳出资；未按期足额缴纳的，应当承担补缴义务，并对其他合伙人承担违约责任。

第六十六条 有限合伙企业登记事项中应当载明有限合伙人的姓名或者名称及认缴的出资数额。

第六十七条 有限合伙企业由普通合伙人执行合伙事务。执行事务合伙人可以要求在合伙协议中确定执行事务的报酬及报酬提取方式。

第六十八条 有限合伙人不执行合伙事务，不得对外代表有限合伙企业。

有限合伙人的下列行为，不视为执行合伙事务：

（一）参与决定普通合伙人入伙、退伙；

（二）对企业的经营管理提出建议；

（三）参与选择承办有限合伙企业审计业务的会计师事务所；

（四）获取经审计的有限合伙企业财务会计报告；

（五）对涉及自身利益的情况，查阅有限合伙企业财务会计账簿等财务资料；

（六）在有限合伙企业中的利益受到侵害时，向有责任的合伙人主张权利或者提起诉讼；

（七）执行事务合伙人怠于行使权利时，督促其行使权利或者为了本企业的利益以自己的名义提起诉讼；

（八）依法为本企业提供担保。

第六十九条 有限合伙企业不得将全部利润分配给部分合伙人；但是，合伙协议另有约定的除外。

第七十条 有限合伙人可以同本有限合伙企业进行交易；但是，合伙协议另有约定的除外。

第七十一条 有限合伙人可以自营或者同他人合作经营与本有限合伙企业相竞争的业务；但是，合伙协议另有约定的除外。

第七十二条　有限合伙人可以将其在有限合伙企业中的财产份额出质；但是，合伙协议另有约定的除外。

第七十三条　有限合伙人可以按照合伙协议的约定向合伙人以外的人转让其在有限合伙企业中的财产份额，但应当提前三十日通知其他合伙人。

第七十四条　有限合伙人的自有财产不足清偿其与合伙企业无关的债务的，该合伙人可以以其从有限合伙企业中分取的收益用于清偿；债权人也可以依法请求人民法院强制执行该合伙人在有限合伙企业中的财产份额用于清偿。

人民法院强制执行有限合伙人的财产份额时，应当通知全体合伙人。在同等条件下，其他合伙人有优先购买权。

第七十五条　有限合伙企业仅剩有限合伙人的，应当解散；有限合伙企业仅剩普通合伙人的，转为普通合伙企业。

第七十六条　第三人有理由相信有限合伙人为普通合伙人并与其交易的，该有限合伙人对该笔交易承担与普通合伙人同样的责任。

有限合伙人未经授权以有限合伙企业名义与他人进行交易，给有限合伙企业或者其他合伙人造成损失的，该有限合伙人应当承担赔偿责任。

第七十七条　新入伙的有限合伙人对入伙前有限合伙企业的债务，以其认缴的出资额为限承担责任。

第七十八条　有限合伙人有本法第四十八条第一款第一项、第三项至第五项所列情形之一的，当然退伙。

第七十九条　作为有限合伙人的自然人在有限合伙企业存续期间丧失民事行为能力的，其他合伙人不得因此要求其退伙。

第八十条　作为有限合伙人的自然人死亡、被依法宣告死亡或者作为有限合伙人的法人及其他组织终止时，其继承人或者权利承受人可以依法取得该有限合伙人在有限合伙企业中的资格。

第八十一条　有限合伙人退伙后，对基于其退伙前的原因发生的有限合伙企业债务，以其退伙时从有限合伙企业中取回的财产承担责任。

第八十二条　除合伙协议另有约定外，普通合伙人转变为有限合伙人，或者有限合伙人转变为普通合伙人，应当经全体合伙人一致同意。

第八十三条　有限合伙人转变为普通合伙人的，对其作为有限合伙人期间有限合伙企业发生的债务承担无限连带责任。

第八十四条　普通合伙人转变为有限合伙人的，对其作为普通合伙人期间合伙企业发生的债务承担无限连带责任。

第四章　合伙企业解散、清算

第八十五条　合伙企业有下列情形之一的，应当解散：

（一）合伙期限届满，合伙人决定不再经营；

（二）合伙协议约定的解散事由出现；

（三）全体合伙人决定解散；

（四）合伙人已不具备法定人数满三十天；

（五）合伙协议约定的合伙目的已经实现或者无法实现；

（六）依法被吊销营业执照、责令关闭或者被撤销；

（七）法律、行政法规规定的其他原因。

第八十六条　合伙企业解散，应当由清算人进行清算。

清算人由全体合伙人担任；经全体合伙人过半数同意，可以自合伙企业解散事由出现后十五日内指定一个或者数个合伙人，或者委托第三人，担任清算人。

自合伙企业解散事由出现之日起十五日内未确定清算人的，合伙人或者其他利害关系人可以申请人民法院指定清算人。

第八十七条　清算人在清算期间执行下列事务：

（一）清理合伙企业财产，分别编制资产负债表和财产清单；

（二）处理与清算有关的合伙企业未了结事务；

（三）清缴所欠税款；

（四）清理债权、债务；

（五）处理合伙企业清偿债务后的剩余财产；

（六）代表合伙企业参加诉讼或者仲裁活动。

第八十八条 清算人自被确定之日起十日内将合伙企业解散事项通知债权人，并于六十日内在报纸上公告。债权人应当自接到通知书之日起三十日内，未接到通知书的自公告之日起四十五日内，向清算人申报债权。

债权人申报债权，应当说明债权的有关事项，并提供证明材料。清算人应当对债权进行登记。

清算期间，合伙企业存续，但不得开展与清算无关的经营活动。

第八十九条 合伙企业财产在支付清算费用和职工工资、社会保险费用、法定补偿金以及缴纳所欠税款、清偿债务后的剩余财产，依照本法第三十三条第一款的规定进行分配。

第九十条 清算结束，清算人应当编制清算报告，经全体合伙人签名、盖章后，在十五日内向企业登记机关报送清算报告，申请办理合伙企业注销登记。

第九十一条 合伙企业注销后，原普通合伙人对合伙企业存续期间的债务仍应承担无限连带责任。

第九十二条 合伙企业不能清偿到期债务的，债权人可以依法向人民法院提出破产清算申请，也可以要求普通合伙人清偿。

合伙企业依法被宣告破产的，普通合伙人对合伙企业债务仍应承担无限连带责任。

第五章 法律责任

第九十三条 违反本法规定，提交虚假文件或者采取其他欺骗手段，取得合伙企业登记的，由企业登记机关责令改正，处以五千元以上五万元以下的罚款；情节严重的，撤销企业登记，并处以五万元以上二十万元以下的罚款。

第九十四条 违反本法规定，合伙企业未在其名称中标明"普通合伙""特殊普通合伙"或者"有限合伙"字样的，由企业登记机关责令限期改正，处以二千元以上一万元以下的罚款。

第九十五条 违反本法规定，未领取营业执照，而以合伙企业或者合伙企业分支机构名义从事合伙业务的，由企业登记机关责令停止，处以五千元以上五万元以下的罚款。

合伙企业登记事项发生变更时，未依照本法规定办理变更登记的，由企业登记机关责令限期登记；逾期不登记的，处以两千元以上两万元以下的罚款。

合伙企业登记事项发生变更，执行合伙事务的合伙人未按期申请办理变更登记的，应当赔偿由此给合伙企业、其他合伙人或者善意第三人造成的损失。

第九十六条 合伙人执行合伙事务，或者合伙企业从业人员利用职务上的便利，将应当归合伙企业的利益据为己有的，或者采取其他手段侵占合伙企业财产的，应当将该利益和财产退还合伙企业；给合伙企业或者其他合伙人造成损失的，依法承担赔偿责任。

第九十七条 合伙人对本法规定或者合伙协议约定必须经全体合伙人一致同意始得执行的事务擅自处理，给合伙企业或者其他合伙人造成损失的，依法承担赔偿责任。

第九十八条 不具有事务执行权的合伙人擅自执行合伙事务，给合伙企业或者其他合伙人造成损失的，依法承担赔偿责任。

第九十九条 合伙人违反本法规定或者合伙协议的约定，从事与本合伙企业相竞争的业务或者与本合伙企业进行交易的，该收益归合伙企业所有；给合伙企业或者其他合伙人造成损失的，依法承担赔偿责任。

第一百条 清算人未依照本法规定向企业登记机关报送清算报告，或者报送清算报告隐瞒重要事实，或者有重大遗漏的，由企业登记机关责令改正。由此产生的费用和损失，由清算人承担和赔偿。

第一百零一条 清算人执行清算事务，牟取非法收入或者侵占合伙企业财产的，应当将该收入和侵占的财产退还合伙企业；给合伙企业或者其他合伙人造成损失的，依法承担赔偿责任。

第一百零二条 清算人违反本法规定，隐匿、转移合伙企业财产，对资产负债表或者财产清单作虚假记载，或者在未清偿债务前分配财产，损害债权人利益的，依法承担赔偿责任。

第一百零三条　合伙人违反合伙协议的，应当依法承担违约责任。

合伙人履行合伙协议发生争议的，合伙人可以通过协商或者调解解决。不愿通过协商、调解解决或者协商、调解不成的，可以按照合伙协议约定的仲裁条款或者事后达成的书面仲裁协议，向仲裁机构申请仲裁。合伙协议中未订立仲裁条款，事后又没有达成书面仲裁协议的，可以向人民法院起诉。

第一百零四条　有关行政管理机关的工作人员违反本法规定，滥用职权、徇私舞弊、收受贿赂、侵害合伙企业合法权益的，依法给予行政处分。

第一百零五条　违反本法规定，构成犯罪的，依法追究刑事责任。

第一百零六条　违反本法规定，应当承担民事赔偿责任和缴纳罚款、罚金，其财产不足以同时支付的，先承担民事赔偿责任。

第六章　附则

第一百零七条　非企业专业服务机构依据有关法律采取合伙制的，其合伙人承担责任的形式可以适用本法关于特殊的普通合伙企业合伙人承担责任的规定。

第一百零八条　外国企业或者个人在中国境内设立合伙企业的管理办法由国务院规定。

第一百零九条　本法自 2007 年 6 月 1 日起施行。

《中华人民共和国合伙企业登记管理办法》

第一章　总则

第一条　为了确认合伙企业的经营资格，规范合伙企业登记行为，依据《中华人民共和国合伙企业法》（以下简称合伙企业法），制定本办法。

第二条　合伙企业的设立、变更、注销，应当依照合伙企业法和本办法的规定办理企业登记。

申请办理合伙企业登记，申请人应当对申请材料的真实性负责。

第三条　合伙企业经依法登记，领取合伙企业营业执照后，方可从事经营活动。

第四条　工商行政管理部门是合伙企业登记机关（以下简称企业登记机关）。

国务院工商行政管理部门负责全国的合伙企业登记管理工作。

市、县工商行政管理部门负责本辖区内的合伙企业登记。

国务院工商行政管理部门对特殊的普通合伙企业和有限合伙企业的登记管辖可以作出特别规定。

法律、行政法规对合伙企业登记管辖另有规定的，从其规定。

第二章　设立登记

第五条　设立合伙企业，应当具备合伙企业法规定的条件。

第六条　合伙企业的登记事项应当包括：

（一）名称；

（二）主要经营场所；

（三）执行事务合伙人；

（四）经营范围；

（五）合伙企业类型；

（六）合伙人姓名或者名称及住所、承担责任方式、认缴或者实际缴付的出资数额、缴付期限、出资方式和评估方式。

合伙协议约定合伙期限的，登记事项还应当包括合伙期限。

执行事务合伙人是法人或者其他组织的，登记事项还应当包括法人或者其他组织委派的代表（以下简称委派代表）。

第七条　合伙企业名称中的组织形式后应当标明"普通合伙""特殊普通合伙"或者"有限合伙"字样，并符合国家有关企业名称登记管理的规定。

第八条　经企业登记机关登记的合伙企业主要经营场所只能有一个，并且应当在其企业登记机关登记管辖区域内。

第九条 合伙协议未约定或者全体合伙人未决定委托执行事务合伙人的，全体合伙人均为执行事务合伙人。

有限合伙人不得成为执行事务合伙人。

第十条 合伙企业类型包括普通合伙企业（含特殊的普通合伙企业）和有限合伙企业。

第十一条 设立合伙企业，应当由全体合伙人指定的代表或者共同委托的代理人向企业登记机关申请设立登记。

申请设立合伙企业，应当向企业登记机关提交下列文件：

（一）全体合伙人签署的设立登记申请书；

（二）全体合伙人的身份证明；

（三）全体合伙人指定代表或者共同委托代理人的委托书；

（四）合伙协议；

（五）全体合伙人对各合伙人认缴或者实际缴付出资的确认书；

（六）主要经营场所证明；

（七）国务院工商行政管理部门规定提交的其他文件。

法律、行政法规或者国务院规定设立合伙企业须经批准的，还应当提交有关批准文件。

第十二条 合伙企业的经营范围中有属于法律、行政法规或者国务院规定在登记前须经批准的项目的，应当向企业登记机关提交批准文件。

第十三条 全体合伙人决定委托执行事务合伙人的，应当向企业登记机关提交全体合伙人的委托书。执行事务合伙人是法人或者其他组织的，还应当提交其委派代表的委托书和身份证明。

第十四条 以实物、知识产权、土地使用权或者其他财产权利出资，由全体合伙人协商作价的，应当向企业登记机关提交全体合伙人签署的协商作价确认书；由全体合伙人委托法定评估机构评估作价的，应当向企业登记机关提交法定评估机构出具的评估作价证明。

第十五条 法律、行政法规规定设立特殊的普通合伙企业，需要提交合伙人的职业资格证明的，应当向企业登记机关提交有关证明。

第十六条　申请人提交的登记申请材料齐全、符合法定形式，企业登记机关能够当场登记的，应予当场登记，发给合伙企业营业执照。

除前款规定情形外，企业登记机关应当自受理申请之日起二十日内，作出是否登记的决定。予以登记的，发给合伙企业营业执照；不予登记的，应当给予书面答复，并说明理由。

第十七条　合伙企业营业执照的签发之日，为合伙企业的成立日期。

第三章　变更登记

第十八条　合伙企业登记事项发生变更的，执行合伙事务的合伙人应当自作出变更决定或者发生变更事由之日起十五日内，向原企业登记机关申请变更登记。

第十九条　合伙企业申请变更登记，应当向原企业登记机关提交下列文件：

（一）执行事务合伙人或者委派代表签署的变更登记申请书；

（二）全体合伙人签署的变更决定书，或者合伙协议约定的人员签署的变更决定书；

（三）国务院工商行政管理部门规定提交的其他文件。

法律、行政法规或者国务院规定变更事项须经批准的，还应当提交有关批准文件。

第二十条　申请人提交的申请材料齐全、符合法定形式，企业登记机关能够当场变更登记的，应予当场变更登记。

除前款规定情形外，企业登记机关应当自受理申请之日起二十日内，作出是否变更登记的决定。予以变更登记的，应当进行变更登记；不予变更登记的，应当给予书面答复，并说明理由。

合伙企业变更登记事项涉及营业执照变更的，企业登记机关应当换发营业执照。

第四章　注销登记

第二十一条　合伙企业解散，依法由清算人进行清算。清算人应当自被确定之日起十日内，将清算人成员名单向企业登记机关备案。

第二十二条　合伙企业依照合伙企业法的规定解散的，清算人应当自清算结束之日起十五日内，向原企业登记机关办理注销登记。

第二十三条　合伙企业办理注销登记，应当提交下列文件：

（一）清算人签署的注销登记申请书；

（二）人民法院的破产裁定，合伙企业依照合伙企业法作出的决定，行政机关责令关闭、合伙企业依法被吊销营业执照或者被撤销的文件；

（三）全体合伙人签名、盖章的清算报告；

（四）国务院工商行政管理部门规定提交的其他文件。

合伙企业办理注销登记时，应当缴回营业执照。

第二十四条　经企业登记机关注销登记，合伙企业终止。

第五章　分支机构登记

第二十五条　合伙企业设立分支机构，应当向分支机构所在地的企业登记机关申请设立登记。

第二十六条　分支机构的登记事项包括：分支机构的名称、经营场所、经营范围、分支机构负责人的姓名及住所。

分支机构的经营范围不得超出合伙企业的经营范围。

合伙企业有合伙期限的，分支机构的登记事项还应当包括经营期限。分支机构的经营期限不得超过合伙企业的合伙期限。

第二十七条　合伙企业设立分支机构，应当向分支机构所在地的企业登记机关提交下列文件：

（一）分支机构设立登记申请书；

（二）全体合伙人签署的设立分支机构的决定书；

（三）加盖合伙企业印章的合伙企业营业执照复印件；

（四）全体合伙人委派执行分支机构事务负责人的委托书及其身份证明；

（五）经营场所证明；

（六）国务院工商行政管理部门规定提交的其他文件。

法律、行政法规或者国务院规定设立合伙企业分支机构须经批准的，还应当提交有关批准文件。

第二十八条 分支机构的经营范围中有属于法律、行政法规或者国务院规定在登记前须经批准的项目的，应当向分支机构所在地的企业登记机关提交批准文件。

第二十九条 申请人提交的登记申请材料齐全、符合法定形式，企业登记机关能够当场登记的，应予当场登记，发给营业执照。

除前款规定情形外，企业登记机关应当自受理申请之日起二十日内，作出是否登记的决定。予以登记的，发给营业执照；不予登记的，应当给予书面答复，并说明理由。

第三十条 合伙企业申请分支机构变更登记或者注销登记，比照本办法关于合伙企业变更登记、注销登记的规定办理。

第六章　公示和证照管理

第三十一条 企业登记机关应当将合伙企业登记、备案信息通过企业信用信息公示系统向社会公示。

第三十二条 合伙企业应当于每年1月1日至6月30日，通过企业信用信息公示系统向企业登记机关报送上一年度年度报告，并向社会公示。

年度报告公示的内容以及监督检查办法由国务院制定。

第三十三条 合伙企业的营业执照分为正本和副本，正本和副本具有同等法律效力。

国家推行电子营业执照。电子营业执照与纸质营业执照具有同等法律效力。

合伙企业根据业务需要，可以向企业登记机关申请核发若干营业执照副本。

合伙企业应当将营业执照正本置放在经营场所的醒目位置。

第三十四条 任何单位和个人不得伪造、涂改、出售、出租、出借或者以其他方式转让营业执照。

合伙企业营业执照遗失或者毁损的，应当在企业登记机关指定的报刊上声明作废，并向企业登记机关申请补领或者更换。

第三十五条 合伙企业及其分支机构营业执照的正本和副本样式，由国务院工商行政管理部门制定。

第三十六条 企业登记机关吊销合伙企业营业执照的，应当发布公告，并不得收取任何费用。

第七章　法律责任

第三十七条 未领取营业执照，而以合伙企业或者合伙企业分支机构名义从事合伙业务的，由企业登记机关责令停止，处五千元以上五万元以下的罚款。

第三十八条 提交虚假文件或者采取其他欺骗手段，取得合伙企业登记的，由企业登记机关责令改正，处五千元以上五万元以下的罚款；情节严重的，撤销企业登记，并处五万元以上二十万元以下的罚款。

第三十九条 合伙企业登记事项发生变更，未依照本办法规定办理变更登记的，由企业登记机关责令限期登记；逾期不登记的，处两千元以上两万元以下的罚款。

第四十条 合伙企业未依照本办法规定在其名称中标明"普通合伙""特殊普通合伙"或者"有限合伙"字样的，由企业登记机关责令限期改正，处两千元以上一万元以下的罚款。

第四十一条 合伙企业未依照本办法规定办理清算人成员名单备案的，由企业登记机关责令限期办理；逾期未办理的，处两千元以下的罚款。

第四十二条 合伙企业的清算人未向企业登记机关报送清算报告，或者报送的清算报告隐瞒重要事实，或者有重大遗漏的，由企业登记机关责令改正。由此产生的费用和损失，由清算人承担和赔偿。

第四十三条 合伙企业未将其营业执照正本置放在经营场所醒目位置的，由企业登记机关责令改正；拒不改正的，处一千元以上五千元以下的罚款。

第四十四条 合伙企业涂改、出售、出租、出借或者以其他方式转让营业执照的，由企业登记机关责令改正，处两千元以上一万元以下的罚款；情节严重的，吊销营业执照。

第四十五条　企业登记机关的工作人员滥用职权、徇私舞弊、收受贿赂、侵害合伙企业合法权益的，依法给予处分。

第四十六条　违反本办法规定，构成犯罪的，依法追究刑事责任。

第八章　附则

第四十七条　合伙企业登记收费项目按照国务院财政部门、价格主管部门的有关规定执行，合伙企业登记收费标准按照国务院价格主管部门、财政部门的有关规定执行。

第四十八条　本办法自发布之日起施行。

《外国企业或者个人在中国境内设立合伙企业管理办法》

第一条　为了规范外国企业或者个人在中国境内设立合伙企业的行为，便于外国企业或者个人以设立合伙企业的方式在中国境内投资，扩大对外经济合作和技术交流，根据《中华人民共和国合伙企业法》（以下简称《合伙企业法》），制定本办法。

第二条　本办法所称外国企业或者个人在中国境内设立合伙企业，是指两个以上外国企业或者个人在中国境内设立合伙企业，以及外国企业或者个人与中国的自然人、法人和其他组织在中国境内设立合伙企业。

第三条　外国企业或者个人在中国境内设立合伙企业，应当遵守《合伙企业法》以及其他有关法律、行政法规、规章的规定，符合有关外商投资的产业政策。

外国企业或者个人在中国境内设立合伙企业，其合法权益受法律保护。

国家鼓励具有先进技术和管理经验的外国企业或者个人在中国境内设立合伙企业，促进现代服务业等产业的发展。

第四条　外国企业或者个人用于出资的货币应当是可自由兑换的外币，

也可以是依法获得的人民币。

第五条 外国企业或者个人在中国境内设立合伙企业，应当由全体合伙人指定的代表或者共同委托的代理人向国务院工商行政管理部门授权的地方工商行政管理部门（以下简称企业登记机关）申请设立登记。

申请设立登记，应当向企业登记机关提交《中华人民共和国合伙企业登记管理办法》规定的文件以及符合外商投资产业政策的说明。

企业登记机关予以登记的，应当同时将有关登记信息向同级商务主管部门通报。

第六条 外国企业或者个人在中国境内设立的合伙企业（以下简称外商投资合伙企业）的登记事项发生变更的，应当依法向企业登记机关申请变更登记。

第七条 外商投资合伙企业解散的，应当依照《合伙企业法》的规定进行清算。清算人应当自清算结束之日起十五日内，依法向企业登记机关办理注销登记。

第八条 外商投资合伙企业的外国合伙人全部退伙，该合伙企业继续存续的，应当依法向企业登记机关申请变更登记。

第九条 外商投资合伙企业变更登记或者注销登记的，企业登记机关应当同时将有关变更登记或者注销登记的信息向同级商务主管部门通报。

第十条 外商投资合伙企业的登记管理事宜，本办法未作规定的，依照《中华人民共和国合伙企业登记管理办法》和国家有关规定执行。

第十一条 外国企业或者个人在中国境内设立合伙企业涉及的财务会计、税务、外汇以及海关、人员出入境等事宜，依照有关法律、行政法规和国家有关规定办理。

第十二条 中国的自然人、法人和其他组织在中国境内设立的合伙企业，外国企业或者个人入伙的，应当符合本办法的有关规定，并依法向企业登记机关申请变更登记。

第十三条 外国企业或者个人在中国境内设立合伙企业涉及须经政府核准的投资项目的，依照国家有关规定办理投资项目核准手续。

第十四条 国家对外国企业或者个人在中国境内设立以投资为主要业务的合伙企业另有规定的，依照其规定。

第十五条 香港特别行政区、澳门特别行政区和台湾地区的企业或者个人在内地设立合伙企业，参照本办法的规定执行。

第十六条 本办法自 2010 年 3 月 1 日起施行。

附录二　初次合伙手册

　　本书的目的是让初次接触合伙的企业家在掌握了正确的合伙常识后快速地步入自己的商业实践中，因此侧重操作性和实效性。本附录将本书中包含的合伙实际运用及操作方法串联起来，形成《初次合伙手册》，方便读者在运作合伙中参考使用。

　　示例：张某，经营小微型企业数年，现凭借自己在部分领域的经验，拟另行设立一个项目公司，专门开展针对这些领域的高端定制产品服务，意在突破目前传统业务的竞争瓶颈。张某拟通过合伙的方式与他人共同开展这项业务，以便快速启动项目。

1. 合伙的必要性和可行性分析

十二个"自问"	
基本需求分析	根据初步的商业计划，分析目前需要但尚缺乏的人力、资源有哪些 1. 2. 3.
	拟合伙的对象应当至少具备哪些经验、才能以及资源 1. 2. 3.
公司制还是合伙制	可不可以采取"一股独大"的股权制进行（让合作者占小比例股份，合作者成为公司高管或员工，同时取得聘用收入以及利润分配）

十二个"自问"	
合伙还是聘用	可不可以采取聘用的方式来解决,不给股权,也不搞合伙?为什么
"人合"还是"资合"	想搞哪一种合伙,普通合伙还是有限合伙,为什么
	普通合伙制下,自己在决策上不再能够完全独断专行,是否能够理解并运用
	普通合伙制下,合伙人对合伙事务所产生的债务和风险承担无限连带责任,是否理解这其中的风险程度
	项目预期利益以及潜在风险是否能吸引他人合伙
	入伙是否有带资的要求,数额大致多少
	准备招募几名合伙人,其中几名普通合伙人
	普通合伙人离职原企业正式投入合伙事务的时间段预期
	有没有可确定的合伙对象?分析他们各自目前的工作及收入状况,初步预判他们对于合伙的态度及条件如何 1. 2.

2. 合伙准备

自我分析
我的性格特点:
我的经营管理风格与习惯:
我的商业价值观或做人准则:
我的优势:
我的劣势:
我的目标:
哪类人会比较愿意与我合作或合伙:
我的人脉:
我的资源:

续　表

项目分析
项目可行性：
项目风险：
项目启动资金以及资源：
团队及员工情况：
项目失败退出机制：

合伙对象分析
拟洽谈的合伙对象：
现有高级管理人员中是否有合适人选：
拟洽谈的合伙对象的性格：
拟洽谈的合伙对象的商业价值以及做人准则：
拟洽谈的合伙对象的事业目标：
拟洽谈的合伙对象的优势：
拟洽谈的合伙对象的劣势：
短期内无法找到合伙人时如何运作项目：

3. 合伙洽谈

合伙洽谈需要的三要件：

（1）初步的商业计划书

- 市场空白点分析
- 行业分析
- 竞争力分析
- 用户群分析
- 产品设计及定位分析
- 财务分析
- 团队分析

（2）洽谈重点的上下限预设

内容	上限	下限
拟合伙对象是作为普通合伙人还是有限合伙人		
合伙收益分配的比例或条件		
退伙的结算机制		
哪些情况须强制退伙		
全职还是兼职		
决策机制		
管理职权分配		

（3）合伙协议模板

有限合伙企业合伙协议（示例）（参见附录一：第二项）